VALUE SELLING METHOD

价值竞争

以客户为中心的销售转型

第2版

付遥 著

机械工业出版社
CHINA MACHINE PRESS

本书作者曾就职于 IBM，为华为、联想、三星等公司提供咨询和培训服务，他将 20 多年销售实践总结成一整套销售技巧，写成这本集外资、国企、民企等数百家优秀企业之大成的销售培训实用指南。在产品极为丰富、市场竞争激烈的今天，如何能够销售出去产品并且把款收回来，不是一件容易的事。本书作者提供了"价值竞争"这样一套销售方法论：只有准确提问，激发顾客需求，才能让客户对某类产品感兴趣；只有承认竞争，面对竞争，帮助客户建立购买标准、屏蔽竞争对手，才能把产品卖出去。打消客户顾虑，消除客户风险才能促成交易。

图书在版编目（CIP）数据

价值竞争：以客户为中心的销售转型 / 付遥著 . — 2 版 . —北京：机械工业出版社，2024.8
ISBN 978-7-111-75924-9

Ⅰ. ①价…　Ⅱ. ①付…　Ⅲ. ①销售 – 方法　Ⅳ. ① F713.3

中国国家版本馆 CIP 数据核字（2024）第 105865 号

机械工业出版社（北京市百万庄大街 22 号　邮政编码 100037）
策划编辑：秦　诗　　　　责任编辑：秦　诗　王华庆
责任校对：甘慧彤　李小宝　　责任印制：刘　媛
涿州市京南印刷厂印刷
2024 年 8 月第 2 版第 1 次印刷
147mm×210mm · 8.875 印张 · 1 插页 · 208 千字
标准书号：ISBN 978-7-111-75924-9
定价：69.00 元

电话服务　　　　　　　　网络服务
客服电话：010-88361066　机 工 官 网：www.cmpbook.com
　　　　　010-88379833　机 工 官 博：weibo.com/cmp1952
　　　　　010-68326294　金 书 网：www.golden-book.com
封底无防伪标均为盗版　机工教育服务网：www.cmpedu.com

第2版前言

就像所有的科技或者艺术一样，销售方法论一直都在演化和进步，大概每隔20年就会有一次大的颠覆和革命，比如顾问式销售颠覆了推销，价值销售又大大改变了顾问式销售。这是一个从量变到质变的过程，无数的销售人员与客户接触，每个客户都不一样，销售渠道也被互联网颠覆，各种各样的销售方法层出不穷。自2017年本书第1版出版之后，我注意到了新的变化，虽然还不是很大的迭代，但是足以补充进来。我重点研究和整理的变化包括三个升级点。

如果销售方法不能变成销售技巧，那么就毫无意义。传统的销售方法是所谓的FAB，即推销产品的特性、优点和益处，忽略了客户的需求，这显然和新的销售思路不一样。30年前，被称为SPIN的顾问式销售技巧大为流行，销售人员询问客户现状，找到客户痛点，使用暗示提问帮助客户发现需求，这种销售技巧与FAB相比有较大进步，但是仍然不涉及投资回报率，尤其没有针对竞争的销售话术。在本书中，根据价值竞争的销售方法论，我把销售技巧重新归纳为新一代的顾问式销售技巧，全面覆盖痛点、影响、投资回报率、竞争和购买风险，这是第一个升级点。

本书的第二个升级点是延伸到销售漏斗管理。我最近几年帮助一些企业放弃CRM软件，改用便捷开发平台，取得了不错的效果，目前有几家企业都还在使用，本书包含了这方面的实践和探索。

第三个升级点是融入了直播带货的内容。直播带货也是我非常感兴趣的领域。直播间里，主播仍然在用卖点轰炸，用虚浮又夸张的语言介绍产品，而很少以客户为中心，分析客户使用场景，通过影响、竞争、价值、风险等因素，设计出让顾客听得懂的话术。就像在传统销售场景中的淘汰推销一样，我相信，带货主播的销售方法必然会转型到新的销售理论上，这是一个很有意思又很时髦的话题。

这本书补充了我在销售领域三个方面的主要探索，并做了一些完善，希望大家喜欢。

目录

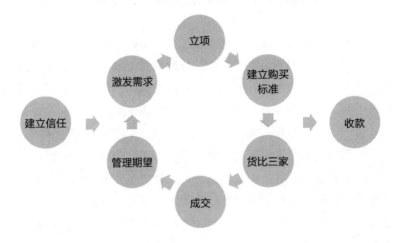

第一章

传统销售方法的崩溃

随着时代滚滚向前的销售方法

销售方法和技巧从古至今一直存在，原始人类在以物易物的时候，很可能就用到了谈判技巧。协助勾践击败吴国、传说与西施泛舟的范蠡，用"贵出贱取"的方法来盈利；吕不韦见到秦国质子子楚，便认为"奇货可居"；清朝的"红顶商人"胡雪岩善于经营，至今仍为很多商人所模仿和学习。他们在经商过程中，无不采用了充满商业智慧的销售手段。然而，曾有一段时间，有关销售的商业理论被当作奇技淫巧，直到改革开放之初，中国还没有系统性的销售理论和方法。党的十一届三中全会之后，我国开始改革开放，从计划经济渐渐转向市场经济，销售理论和方法才有了存在的基础和土壤。随着我国经济的发展，销售方法也经历了三个不同的阶段。

商品紧缺时代

改革开放之初，产品供不应求，很多产品都要凭票供应，比如当时有粮票、油票、肉票、肥皂票、火柴票等。我还记得父母凭票买回第一辆自行车和第一台电视机时的情形。在这种时代，企业不需要销售技巧，只要有产品，就会有客户排队来买，谁还有心思做广告，组建销售团队？

眼下，商品紧缺时代虽然过去了，但个别产品还常常出现短缺，比如某个型号的轿车特别火的时候，我去4S店，一名销售人员趴在桌面上犯困，他看到我后向旁边的同事努努嘴说道："登记，您排在一千多位，估计得等一年。"我和他聊了几句，了解到他曾是很棒的汽车销售，现在却很无奈——没货卖，英雄无用武之地，他的销售心态和能力在逐渐退化。在商品紧缺的时代，只要有产品就能赚钱，就像一句笑话所言：把水装进瓶子就能卖钱！

跑马圈地

随着商品经济的发展，中国经济迎来了一个辉煌的时代，一些有先见之明的企业家开始发现营销的意义。1984 年，一家生产录音机的厂家，用 40 万元在中央电视台做起了广告："燕舞，燕舞，一曲歌来一片情！"当时，这句歌词可谓传遍大江南北。这个广告标志着中国企业营销意识的萌芽。在这个阶段，市场经济风起云涌，市场有巨大的空间。比如华为在深圳创业的时候，当时全国有数百家类似的通信企业，商品短缺时代结束了，但是市场空间仍很广阔，企业雨后春笋般成立并迅速成长起来。

在那个时代，企业家开始了"狂奔"的历程，各行各业的龙头企业都在那个时代大战群雄、开疆拓土。华为注册于 1987 年，从香港进口小交换机，进货价大约 3 万元，每台可以卖到 7 万元左右。联想成立于 1984 年，从国外进口个人电脑，在中关村零售，每台可以赚到 5000 元以上的利润。海尔创立于 1984 年，TCL 创立于 1981 年。很多大型民营企业都在那个跑马圈地的时代诞生和壮大。所谓时势造英雄，这些企业"野蛮成长"，现在已经成为各行各业的巨头。

在这个阶段，市场营销"轰轰烈烈，火力极猛"，模式却很简单，其本质是以产品为中心，拼命向各个市场推销。

新常态下的销售转型

经过改革开放以来40多年的发展，现在中国的经济规模仅次于美国。任何经济体都不可能永远地高速狂奔，中国经济已经进入"新常态"，这个阶段有以下三个特点：第一，经济增长从高速转为中高速；第二，经济结构不断优化升级；第三，从要素和投资驱动转向创新驱动。由于新常态的到来，企业也开始面临巨大的挑战。

首先，企业不再高速成长，客户身边充满强劲的对手，以往那种粗放的方法（投入巨大的市场费用，用杀价换来市场份额）已然不再适用。由于不再存在巨大的成长空间，这种野蛮人的方法无异于"杀敌一千，自损八百"。其次，同质化竞争导致利润率下降。有时一家企业刚刚研发出新的产品和技术，推向市场，在很短的时间内，竞争产品就会涌现。而客户利用这种竞争关系，获得了更好的购买条件，于是企业之间陷入同质化的"红海"之中，这必然影响企业的盈利能力。再次，企业运营成本升高。随着中国制造业逐渐升级，薪资、土地、原材料等要素价格必然随之上升，必将影响企业利润，企业不得不削减销售费用。显然，商品紧缺的时代早已与我们告别，跑马圈地的飞速发展也放缓了脚步，我们进入了一个新的时代：增长放缓，运营成本上升影响企业盈利，如果企业还采用以产品为中心的粗放式销售方法在同质化的"红海"中搏杀，企业盈利堪忧，中国经济实现转型升级也比较困难。新的时代呼唤新的商业模式，当传统销售理论走到了死胡同时，唯有彻底改变和颠覆传统的方法，我们才能从客户的角度出发，改造我们的企业，生存下去，并迎来新的发展机遇。

传统的销售模式

2002 年是我个人职业生涯的一个分水岭，那时外企待遇不错，品牌自带光环。我在戴尔电脑公司负责 600 多人的销售队伍的培训，每月领着不菲的薪水，还偶尔在清华大学讲讲课，并出版了我的第一本书《八种武器：大客户销售策略》，另外也会偶尔出差到中国香港和马来西亚、新加坡，一边学习一边授课。那时，我想都没有想过离开环境优渥的外企。那年的 5 月，我接到联想公司的电话，邀请我去聊一聊。联想凭借渠道起家，受到戴尔直销模式的冲击，大量商业客户被抢走，联想高层受到极大震动，希望组建大客户部门，模仿戴尔的直销模式，而我正好负责戴尔的销售培训，是最合适的人选。我那时无意辞职，但联想很执着，甚至给我出了个主意："你不如辞职，开一家培训公司。"我数数联想的订单，的确可以很舒服地活下来，于是提出辞职。

离开戴尔前，我用了 5 个月的时间找到接替者，其间联想耐心地等待。我辞职之后的半年都为联想提供服务，上至 CEO 杨元庆，下至七个区域公司的人数达上千名的大客户销售团队，都是我的学员。

联想的领导团队仅用三年时间就建立了强大的大客户销售团队，在中国市场挡住了戴尔的进攻，并在市场份额上占据前茅，后来收购了 IBM 的 PC（个人电脑）业务，成为全球排名第一的PC 企业。我也从此离开外企的大船，跳入"海"中，现在看来是如此幸运。联想的变革是我个人生涯的转折，我进入培训和咨询行业遇到的第一个课题便是：消费品市场和商用市场差别有多大？联想为什么在大客户市场放弃传统的渠道优势，组建大客户销售团队？

B2B 和 B2C

一般来说，市场分成两大类：商用市场和家用市场。商用市场包括政府和企业等机构，就是通常所说的 B2B 市场，或者工业品市场；个人市场被称作 B2C，即针对个人和家庭的消费品市场。这两类市场存在着本质的不同。

B2B 客户购买能力更强。企业购买机器和原材料，金额常达数十万元以上，而电信运营商和银行购买网络设备、大型服务器、存储设备金额常达到数千万元，医院购买尖端的医疗设备也价格高昂，政府招投标建设基础设施的花费更是多达上亿元。B2B 客户的购买金额远远超过个人和家庭。但 B2B 客户的购买行为更加复杂，易导致购买风险增加，尤其是电信、金融和电力这种基础设施的采购涉及国计民生，任何微小的失误都可能导致灾难性的后果。因此，B2B 客户在采购时不仅其采购部门参与采购，往往还有产品的使用者和相关的技术专家提出需求，经过可行性论证后，向上级申请预算，组成专家小组进行招投标，过程可能长达数月甚至数年。相反，B2C 市场的购买金额和复杂程度则小很多，常常是针头线脑一类的产品。这种差异导致了购买风格的不同。B2B 市场更加理性和专业，需要专业的销售团队上门沟通，确认方案，做出报价；B2C 市场则要感性得多，企业找明星代言，建立品牌，在媒体投放广告，促使消费者冲动购买。B2C 以市场宣传为主、销售为辅，其传统的营销理论是 4P，即产品策略（Product）、渠道策略（Place）、价格策略（Price）、促销策略（Promotion），销售部门是市场部门的附庸。B2B 市场则以销售为主，市场宣传为辅，客户更加注重专业性，比如华为在进入手机市场之前很少为人所知，直到进入消费品市场才大做广告，知名度大涨。

四种销售模式

B2B 和 B2C 市场存在对同类商品的需求，因此需有不同的销售模式，这取决于产品的价值和复杂程度。比如，B2B 客户也会购买办公文具这样的简单产品，采购量可能不大，价格不高，风险很低；B2C 客户有时也购买价格高昂的产品，最典型的就是房产和汽车。我们将 B2B 和 B2C 作为横轴，将产品价值作为纵轴，将销售模式分成四种，分别是零售、代理、专卖和直接销售，如图 1-1 所示。

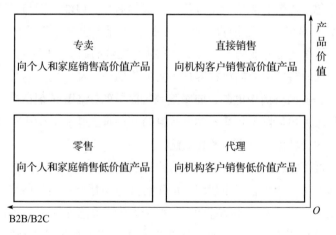

图 1-1　四种销售模式

零售模式适合向个人和家庭客户销售简单和低价值的产品，包括日常所用的产品，例如洗发水和食物等，一般称之为快速消费品，但有时金额也会相对较大，比如数码产品和家具。为了方便消费者购买，企业通过零售渠道进行分销，既有大型的连锁超市，也包括街边便利店。在零售市场，品牌和促销的重要性要高于销售，消费者到收银台结账。有时，企业会在超市中设置促销员，为顾客分发或演示产品，以吸引消费者注意。

专卖店模式适合向个人和家庭销售高价值的产品，最典型的是房地产售楼处和汽车4S店，这类产品金额较大，客户购买慎重，喜欢货比三家。企业会精心设计产品展示间（样板间），销售人员受过专门训练，按照设计好的流程向客户销售产品。有趣的是，为了凸显产品的价值，一些零售产品也通过店中店的形式来销售，比如苹果的数码产品以前通过电子市场销售，可是那里"鱼龙混杂"，真货、假货并存，销售人员极不专业，常有坑蒙拐骗的销售行为，所以苹果建立专卖店来销售。奢侈品也是这样，其箱包、皮鞋和服装价格数倍于一般的商品，显然不能与普通产品摆在超市里一起销售，所以企业会选择开设豪华舒适的专卖店，提供更加专业的导购，使客户体验更佳的购买氛围和服务。

代理模式适合向机构客户销售低价值的产品，比如向政府机关和企业销售商用电脑，向医院销售简单的纱布和试剂产品。通过代理商可以降低销售成本并提高市场的覆盖率，对中小型客户和三四线城市客户市场尤其如此。

直接销售模式适合向机构客户销售复杂和高价值的产品，例如向电力公司销售发电机组，向银行和电信运营商销售网络和计算设备，向医院销售昂贵的手术和检查设备，向一个公司销售员工体检服务等，这些产品客户常采用招投标的方式进行购买，企业会组建专业销售团队与客户建立联络，最终通过谈判完成销售。

销售方法的交叉和演变

这四种销售模式存在巨大的不同，但销售模式本质上又是相通的，常常互相借鉴和交叉。例如，三星电子的手机、平板电脑和电视机属于传统的消费品市场，可是我曾经帮助三星电子完成行业销售的转变：银行、保险、酒店行业常会购买大量的电子产品，比如酒店一次购买数百台电视安装在客房，银行采购大量的平板电脑放在柜台使用，于是三星电子组建行业销售部门，探索行业解决方案销售的模式。步步高旗下的 vivo 和 OPPO 手机的市场份额越来越高，其旗下产品通过手机连锁店面进行销售，是典型的零售模式。我也曾经协助步步高探讨解决方案销售，寻找手机连锁店的痛点，比如客流不够、人手不足、库存积压等，提供整体促销解决方案，最终促使连锁店面完成了传统零售模式的转型，这也是典型的 B2B 销售模式。零售、代理、专卖和直接销售这四种传统的销售模式看似壁垒分明，"井水不犯河水"，但它们其实在本质上是一样的，只是各自存在鲜明的特征。

传统销售方法的弊端

改革开放以来，中国经济勃然兴起，从早期的产品稀缺、凭票供应到产品日益丰富，竞争越来越激烈。然而，我们的营销方法没有随之而变，渐渐与市场脱节，已经很难满足市场竞争的需求。传统的销售方法一言以蔽之，就是以产品为中心，这种方法的产生是中国从计划经济走向市场经济的必然，具有以下几个明显的特征。

过分注重产品性价比

目前，发展得较好的一些大型跨国企业的销售方法已经从推销，经过顾问式销售、解决方案销售，转变为价值销售，而国内有些企业还在笃信性价比。我做过大量的调查，询问客户是否会购买性价比好的产品，大多数企业给我的回答都是肯定的。我们可以通过很多例子看到客户并非总是采购性价比高的产品，比如，苹果手机性价比真的超过小米手机吗？奔驰、宝马、奥迪的性价比或许不如帕萨特和凯美瑞，后者性价比不如吉利和比亚迪。显然，我们常常不购买性价比最好的产品。这很奇怪吗？人们向往美好的生活，而不一定是向往性价比高的生活，但生活又是由一系列的产品构成的。

客户在购买不同产品的时候有不同的购买缘由，不妨看看我们身边的产品，大都并非性价比最高的产品，比如苹果手机、名牌的服装和箱包，客户在采购日常使用的牙刷、香皂时不一定只看性价比，因为一卷手纸实在太便宜了，有时客户实在不想费时费力去找性价比最好的产品。其实，有时性价比把客户的需求简单化了，我们要承认客户的购买很复杂，影响因素有很多，比如前几年房价上涨时，购房主要考虑其投资回报率，现在更加理性，投资属性渐渐淡化；我们选择日常消费品时，常认为品牌信任度更为重要。

每个客户都不一样，购买因素很复杂，那些不差钱的客户真的会选择性价比高的产品吗？将选择产品的决定性因素统统归结为性价比是巨大的错误。客户的消费能力是分层级的，居于顶层的高资产客户的数量并不多，但是他们的消费总额远远超过其他客户。比如秦皇岛的平均房价是每平方米一万元左右，而在秦皇岛昌黎县大蒲河镇有个叫作阿那亚的小区，房价在每平方米三万元以上，销量非常高，已经成为北京周边最火的旅游地产。它们产品的定位很独特，目光瞄准的不是当地市民，而是周边的高净值客户，这些人恰恰不那么看重性价比，更看中投资回报率。

单纯从性价比的定义来看，性价比就是产品的性能和产品价格的比值，缺乏一个极为重要的元素——客户。每个客户都是不同的，性价比是典型的以产品为中心的思维模式，忽略了客户的差异化。

当我们承认投资回报率的重要性超过性价比的时候，销售的思路就转向了价值销售。消费者为什么花好几万元去买一个包包？几十块钱也可以买到一个功能差不多的产品，这很难用性价比来解释。消费者看中的是这款包给自身带来的愉悦感。

覆盖部分客户采购周期

谁更了解客户的需求？是客户自己还是销售人员？很多人的答案都是客户，但这也是错误的答案。我们和客户的关系很像医生和患者的关系，患者的确更懂得感受和症状，但他们只知道表面的原因，医生却能找到真正的症结点，懂得疾病的原理，并提供治疗方案。比如，我在IBM时常委婉地向电信运营商表达："您懂电信运营，但是我们IBM才是IT的专家。"这是重要的事实，生产饲料的正大集团应该比养殖户更懂饲料，雷士照明应该比购买灯具的酒店更懂照明，如果不能比客户更懂需求，销售人员对客户还有什么价值？由于很多人认为客户更懂需求，这就导致了错误的销售方法：他们销售的重点是挖掘需求，而非引导客户需求。他们在客户货比三家的时候才介入，而没有在前期"播种和锄草"，太晚介入客户的购买周期了。

同质化竞争

由于没有在早期介入并对客户需求进行引导，同质化竞争将导致客户进行价格比较，产品利润率越来越低。这是以产品为中心的销售方法带来的弊端。产品是用来满足客户需求的，每个客户的需求都不一样，我们应该深入了解其需求，帮助客户建立购买标准。传统销售方法注重推介产品，忽略对竞争对手的研究，非常懂自己的产品，对客户需求或多或少了解一点，却不了解竞争对手的优势和劣势，不懂引导客户需求，无法逃脱同质化竞争，"杀敌一千，自损八百"，赢了订单输了利润。随着中国经济的转型升级，企业成本增长，利润率又不断下行，这直接影响企业的盈利能力。只有创建差异化的竞争策略才能从制造转向创造，完成企业的升级和改造。

依赖客户关系

很多企业明显感受到了传统销售方法的弊端，所以另辟蹊径，寻求突围，走上了依赖客户关系型销售的道路。这种销售方法由来已久，清朝著名"红顶商人"胡雪岩在太平军攻打杭州时，从上海运军火和粮米接济清军，帮助左宗棠创办船政局，主持采运局，采供军饷和军火，深得其赏识，甚至官居二品。他凭借客户关系在上海筹办私人钱庄，在杭州创立中药店，供军民之需。时人评曰："为官须看曾国藩，为商必读胡雪岩。"中国市场从短缺时代进入充分竞争时代，同质化导致销售利润越来越薄，销售费用受到影响，企业难以再拿出高昂的费用去维持客户关系。

随着反腐廉政制度的建设，这种依靠客户关系维持的销售模式蕴含的风险越来越大，而且这种模式并非纯粹的商业行为，巨大的维系客户关系费用为企业带来了极大的负担，这是一种难以持续和极不健康的道路。

不懂得销售解决方案

一家生产传统防水材料的企业在和客户的接触过程中发现，客户买来防水材料只是第一步，没有施工队伍，也不懂施工，不会设计，防水效果大打折扣。于是，这家企业成立施工队伍，为客户设计防水方案，并按照严格的项目管理流程进行施工，客户看似多花了些钱，但是提高了效率，节省了管理成本，保证了质量。这家企业就是东方雨虹。还有一家企业向县级医院提供检测试剂，但小型医院预算有限，没有能力购买昂贵的检测设备，导致了误诊，引发了医疗冲突。于是这家企业建立检测中心，将附近多个县级医院的测试试剂收集起来，尽快提供体检报告。县级医院发现，这种办法比自己花重金成立检测科室更全面、更精准，可以有效降低误诊率，于是把更多的力所不能及的服务交给了这家企业，这家企业就是宁波美康。

客户越来越接受设计和服务的概念，并且愿意为之买单，当企业寻找出客户多个关联的痛点，提供一个完整的解决方案时，就自然而然从产品销售转向解决方案销售。

传统销售话术失灵

既然传统销售的思路是以产品为中心，销售话术自然摆脱不了产品。比较流行的话术就是 FABE，这是由美国奥克拉荷大学企业管理博士、中国台湾中兴大学商学院院长郭昆漠总结出来的。F：Features，指产品的功能和特点，例如产品名称、产地、材料、工艺。A：Advantages，指产品的优势，即与同类产品比较的独特优势，比如更有效、更舒适、更可靠。B：Benefits，指产品的益处，比如大大降低成本，让客户住着更舒适，安枕无忧。E：Evidence，指证据，包括技术报告、顾客来信、文章和照片等，应该足够客观、权威、可靠。以销售冰箱举例来说明FABE。

> 销售人员："（特点）这款冰箱采用变频技术，每天用电才0.4度，两天半才用1度电。"
>
> 销售人员："（优势）普通冰箱每天用电1度，这款冰箱可以减少60%的用电量。"
>
> 销售人员："（益处）假设电费是0.8元/度，一天可节省0.48元，一年就能节省大约175元，如果使用10年，就能省出一台冰箱了。"
>
> 销售人员："（证据）您知道为什么这么省电吗？您看产品说明书，这款冰箱采用变频技术，输入功率只有75瓦，所以这么省电。"

FABE已成为标准话术，常被印刷在产品说明书上，作为培训教材，每位销售都需要熟练背诵才能上岗。FABE的话术可以简明扼要地把产品说清楚，却也存在很多问题。最为致命的是，每个客户的需求都不一样，FABE却千篇一律，并没有随着客户的需求而改变。比如面对一位不差钱的客户，使用这种话术很可能就是在浪费客户的时间，也许客户关心的是冰箱的静音功能。当销售堆砌FABE话术的时候，就变成了机关枪扫射，一百发子弹可能只打中一个客户关心的点，这是一种卖点轰炸的销售方式。

FABE 并没有错，但肯定不完整，我们至少应该先搞清楚客户的需求，FABE 话术已经完全不能适应现在的市场和竞争环境了。

传统销售方法的崩溃

以产品为中心的销售方法和关系型销售在特定的历史时期是行之有效的，但从 20 世纪 70 年代改革开放以来，中国的经济环境发生了巨大的变化。在改革开放初期，市场存在巨大空白，企业的销售行为如同跑马圈地，但时至今日，除了个别前沿领域，大多数行业已经从"蓝海"进入"红海"，形成了充分竞争之后的巨头垄断，大多数行业在"红海"之中惨烈搏杀，同质化竞争愈演愈烈。同时，劳动力成本和固定资产价格持续走高，企业负担更加沉重，利润空间被快速压缩，许多企业游走在倒闭与盈利的临界点，传统销售方法走到穷途末路。以往行之有效的方法不一定适合今天，销售方法论也应该不断成长。以往医疗和医药企业凭借关系拓展生意，随着医疗行业采购越来越正规化，以往的方法不能再用了，很多医疗企业对价值销售方法表示出了浓厚兴趣，比如我服务过的深圳迈瑞、宁波美康，早就开始了销售方法的转型。在传统销售方法下，一些企业依赖性价比竞争，发动惨烈的价格战，"杀敌一千，自损八百"，却不知道客户并不总看重价格；还有企业的应收账款问题变得突出，产生大量烂账。

销售方法升级也是企业自身管理的需要，具有强有力作战能力的企业都有自己的销售套路和语言。联想集团依赖起家的渠道销售模式受到戴尔的严重挑战，缺乏 B2B 模式的销售理论和方法。通过学习、摸索和实践，联想建立起了自己的套路，在企业市场的份额超过了戴尔。可是很多中小企业，甚至某些上市公司，完全依靠三招两式和产品或者价格优势，没有完整先进的销售方法论和共同的语言，这是"游击队"的打法。我并非否认"游击队"的价值，这适合企业的初始发展阶段，但在成长过程中，应该将自身实践和先进的理论相结合，不断淬炼销售团队，完成从"游击队"到"正规军"的转变。

很多企业的销售方法和指挥体系是两张"皮"，没有明确的关联。指挥体系如同汽车驾驶舱，只有根据真实的驾驶情况，管理者才能够加油和刹车，控制车速、燃油和水温。很多企业的销售报表设计不合理，主管不知道如何阅读销售报表，在销售例会中只会有事汇报，没事散会，更不懂得在日常工作中持之以恒地用销售方法来辅导下属，只知道作战，不知道学习和成长。处在顶层的企业高管，每天收到无数的报销发票，却不知道有多少订单在争夺，处在什么程度，"两眼一抹黑"。方法论也是企业管理流程的前提，比如大客户的销售漏斗管理，就基于先进的销售方法论。

凛冬将至

更可怕的是，一股前所未有的浪潮扑面而至，正摧毁和吞噬着传统的销售模式，一些企业已"死"在昨日，仍然有一些企业用过去的姿势"扑腾"，即将淹死。这并非危言耸听，这个巨大的浪潮就是互联网，诺基亚和柯达这些曾经不可一世的巨头已被巨浪吞没，中关村电脑市场的客源被京东吸引了大半，IBM和惠普等昔日的巨无霸显得老态龙钟。传统车企步履蹒跚地面对特斯拉等新型新能源企业，互联网浪潮颠覆了传统的零售市场，席卷线下实体，吞噬着B2C行业，企业不能对抗趋势和潮流，只能顺势而为。采用全新的销售模式才能生存，甚至成为时代的弄潮儿，如同阿里巴巴和京东一样，利用互联网对销售模式进行创新，成为时代商业领袖。

互联网电商对传统销售方法的颠覆

　　面对互联网大潮，要么把头埋在沙土中，无视新兴商业模式的挑战，要么勇敢地迎接大风大浪，要生存下去，我们只能选择后者。那么，互联网营销的本质是什么？怎么用互联网来改造传统的销售模式？

简单销售和复杂销售

　　销售模式大概分成两种：简单销售和复杂销售。比如联想就有 T（Transactional）模式和 R（Relationship）模式，其销售方法和能力要求完全不同。T 模式是简单销售，比如在网站或者专卖店购买一台电脑，是在很短时间内完成交易，需要销售团队具备店面销售技巧和销售话术。R 模式针对大型订单，往往需要几个月的时间来完成交易，需要建立关系、激发需求，采取正确的竞争策略，谈判和实施回款流程。华为的业务可以分成三大类：第一类是其赖以起家的运营商客户，核心客户是排名全球前 50 的电信运营商，它们采购大量的基础电信设备，订单金额常达到几千万美元，这需要强大的团队建立关系，发掘需求，完成招投标和谈判；第二类是企业级产品，主要是路由器、网络交换机以及计算和存储设备等，每个订单大约几十万元，更多依靠代理销售；第三类是手机，通过线上和店面进行销售，这属于简单销售模式。这三种模式有完全不同的销售组织和模式，既存在巨大的不同，又有相通的理论。

　　正大集团是国内领先的饲料企业，其客户是猪牛羊鸡养殖户，以 500 头存栏数作为大客户划分基准，专业销售团队对大型养殖户进行深入的跟踪和推广，对那些较小的养殖户则通过传统饲料渠道进行销售。

互联网彻底颠覆简单销售模式

在简单销售模式下，一边是淘宝和京东的线上狂欢，直播带货火上浇油，电商市场热闹非凡；一边是零售店面门可罗雀，"冰火两重天"。中关村等电子商场辉煌不再，纷纷倒闭，购物中心向娱乐和餐饮转型。传统的 4P 营销理论被互联网颠覆，形成了以入口、流量、转化、流行款、口碑为主的全新的电商模式。

也有一些企业岿然不动，继续吃老本，拜访客户，进行方案交流、谈判。其实，互联网企业已经崛起，阿里巴巴组建地推团队，攻城略地；找钢网试图利用电商模式垂直深入，颠覆钢铁行业；京东开通企业购抢夺了很多礼品和办公文具厂商的市场。有趣的是，互联网企业不断学习和借鉴传统销售模式，比如京东创始人刘强东将沃尔玛当作蓝本，打造高效和低成本的运营和销售模式，但传统企业的互联网转型之路极为艰难。比如，一家酒店为了摸索互联网营销，斥资几十万元开发了网上客房预订系统，一年下来只卖出一晚客房，因为消费者更青睐携程这样的专业互联网公司。互联网正在像潮水一样开始侵蚀专卖和代理商的"蛋糕"。

互联网是百年一遇的技术浪潮，必然会像蒸汽机、电力和电话的发明一样，改造我们的商业模式。互联网对传统销售方法的冲击包括以下六个方面。

高效、低成本，去除中间环节

在传统销售模式中，我们将产品分销到店面，再由店面导购出售，中间商吃掉了巨大的利润，样品和库存占据了大量的现金流。而互联网挤掉了巨大的中间环节，消费者也不需要前往店面，互联网上的图片、视频和直播可以很好地展示产品，提高购物效率。如果在店面购买，一天看不了几家店，在互联网上却可以搜索成千上万的店面和产品来比较，大大提高了购买效率。一般来说，店面分销需要吞噬 25% 左右的中间成本，而京东已经能够将中间成本控制到 6% 以下。当电商让利于消费者的时候，互联网爆发出了惊人的营销能力。

随时随地，打破时间和地域限制

移动互联网为消费者带来了另一个益处，消费者可以使用智能手机随时随地购买产品，一边开会一边打开购物网站，选外卖午餐，在夜间 11 点也可以购买商品，第二天就能到货，深夜 2 点也可以打开外卖平台点餐。购物地点也不再受地理位置的约束，客户可以在广州出差的时候，在网上为北京的家里购买一台空气净化器。承包山林种植柑橘的农户，在柑橘成熟的季节，可以上山一边直播采摘一边带货，第二天就可以寄出。互联网已经打破了时间和地域的限制，为消费者带来了极大的便利。我前几年在无锡剧组拍摄《输赢》电视连续剧时，发现了一家特别棒的阳山水蜜桃，我加了卖家的微信，之后每年都从他那里购买，邮寄到北京。

社交媒体和口碑传播

让人吃惊的是，现在部分消费者认为网络上的产品更加可信，即便在店面购买，也可能打开手机查看产品的好评度和价格，用于判断产品的质量。在传统市场营销理论中，一个对产品满意的客户会将体验告诉七八位朋友，不满意的客户会传播给十五六位朋友。在互联网时代，如果满意某种产品，一条朋友圈可以覆盖几百位好友，有时还会将链接推荐给朋友，促成直接的购买。购物网站建立了严格的评论体系，口碑被精准量化，消费者越来越少看产品说明，而是查看好评和差评。互联网将口碑传播变得越来越容易，消费者越来越依赖口碑购买。口碑的明确化和量化彻底改变了传统的销售模式，那种依靠广告忽悠消费者的厂家会渐渐被淘汰，勤勤恳恳完善产品和服务并管理客户期望值的企业能够获得长久的成功。

吸引眼球和流量

营销常常是吸引眼球的游戏，传统营销理论通过电视、广播、杂志和报纸传播品牌，传统媒体在互联网的冲击下，开启了没落和沉淀的过程。互联网本身就能带来客户流量，并形成一个闭环，从发现商品到购买和支付再到服务，全部在网上完成。互联网时代是去中心化的，传统媒体受到了极大削弱，自媒体生机勃勃，尤其抖音等短视频平台兴起，占据了潜在客户大量的碎片时间，"网红"纷纷加入直播带货的行列，凭借成千上万的粉丝基础，成为市场上不可忽视的力量。他们都是去中心化的个体，凭借独一无二的特色吸引着人们的眼球和流量。

生态系统

互联网还颠覆了产品形态，传统销售模式经历了从产品销售到解决方案销售的转变，从解决客户单一痛点，转向全面完整地发掘客户痛点，并提供一揽子解决方案。互联网更向前一步，根据痛点之间的强弱和缓急，开始构造一个能够产生化学反应的生态系统。比如，小米、TCL和海信等企业占领手机和电视入口，通过广告获得盈利；腾讯的微信也是如此，通过免费入口，集成游戏、购物和支付服务。互联网企业的运营核心之一便是转化，按照设计好的生态系统，完成从流量到盈利的转变。对于这种转变，传统企业根本难以招架。

支付

互联网具有极强的生命力，正在不断衍生和发展出新的功能和特点。支付功能就是随着移动互联网渐渐普及开来的功能，这意味着店面和钱包都集中在小小的手机上，交易不再需要借助信用卡和现金。我外甥女在寄宿学校，从微信群中抢了红包，在网络上购买了偶像的礼品包，并完成支付，在手机上就完成了整个购买过程。

销售存在多种模式，我们可以就 B2B/B2C 和产品价值这两个维度将销售划分成四种模式，分别是零售、代理、专卖和直接销售。互联网的快捷和低成本，颠覆了传统的零售模式。但传统专卖店、代理商和直接销售模式依然如故，客户还在专卖店买汽车，在售楼处买房子，参加政府采购的招投标。由于上述六个特性，互联网电商对传统销售模式造成了巨大的影响，直播带货完全可以取代传统的推销，然而这场颠覆只是开始而非结束，销售模式必然受到长久而持续的影响，也刺激我们不断摸索新的销售模式。如果不开始改变，传统企业将无法抵御互联网大潮，而沦落到给互联网巨头打工的境地。更可怕的是，互联网企业在不断学习和借鉴传统销售方法，组建地推队伍，给予补贴，拓展市场，如美团和百度外卖向餐饮商家提供补贴，腾讯和支付宝向商家提供支付服务。当互联网大军杀入传统行业的时候，我们该如何生存？

电商的销售方法

尽管电商借助互联网技术，从早期的淘宝和京东的图片文字模式转变到抖音的直播带货模式，但电商的发展历史很短，并没有形成自己的销售方法论和理论，而是直接采用了最原始和初级的销售方法，十分落后和原始。我前一段时间要买一台电视机，所以去看抖音直播，主播的标准话术是：

主播："欢迎光临，这里是 A 品牌抖音官方直播间。"

主播："我们的 98 英寸[一]电视采用 MiniLED 技术，微米级灯珠均匀分布在屏幕背面，精细控光，带来更为出众的画面。这款电视采用 672 个背光分区，独立控制每个区域，让亮的更亮，黑的更黑。峰值两度达到 1200 尼特，精准还原不同亮度下的画面细节，黑得深邃，亮得出彩。这款电视是 95DCI-P3 广色域，展现 10 亿色彩，带来更好画质体验。这款电视还采用领曜芯片，TXR 画质增强引擎，感知进化，不止音画。"

主播："价格？我提成不要了，折成优惠，七天无理由退货，现在给您上链接，这位客户，您怎么走了？"

这是直播带货的典型话术，堆砌了大量专业术语，MiniLED、背光分区、尼特、DCI-P3 广色域和领曜芯片并非噱头，而是很有价值的技术，但普通消费者买个电视而已，难道还要学习电视机的画面、色彩、芯片这些显示技术吗？要把这些讲清楚恐怕需要有大学本科的专业知识才行。这是典型的以产品为中心的话

[一]　1 英寸 =0.0254 米。

术，忽略了客户的使用场景，顾客买来是看连续剧，还是在家里看电影大片，或者是用作游戏主机玩游戏？电视放在客厅还是卧室？白天看还是晚上看？电商主播完全不了解。尽管电商颠覆了传统的销售模式，但从销售方法和话术这个角度来看，电商话术还处于最初级的水平，与先进的销售方法论和话术差距极大。

当消费者对电商这种推销不满的时候，他们就会来到线下，而且我们更喜欢和人打交道，而不是干巴巴的线上图片和视频。线下渠道不得不升级销售方法论，在面对面沟通时，与客户更好地建立关系，理解需求，呈现价值，才能彰显线下渠道的独特优势。

互联网企业风生水起的时候，我们看到了传统企业的逆袭。步步高和华为采纳线下作战的方式，在三四线城市崛起，与小米平分秋色，不落下风，反而是小米这家互联网公司不断开设线下专卖店。尽管百脑汇和中关村受到了来自电商的不小的冲击，顺电网上商城却逆势成长，带来了更好的客户体验。互联网企业意识到电商不能替代传统销售模式，因此掉头开始学习传统的销售理论。滴滴和百度都是典型的互联网企业，滴滴向企业提供出行服务，员工的出行记录不需要烦琐的发票报销过程，出行数据可以直接和企业财务对接，大大节省了报销的时间和成本，由于数据中有出行起点和终点，减少了因私出行报销的行为。百度智能云面向政府、金融机构和企业，传统的搜索广告的模式也不适用，只能组建传统的销售团队。我作为外部顾问，曾参与到百度和滴滴的转型过程中，我将互联网特性和传统 B2B 客户的特点融合，设计出了很独特的销售方法，但核心仍然是传统销售方法和理论。

传统销售方法和互联网思维并非对立，而是正在从颠覆走向融合，从冲突转向交叉。就像万达董事长王健林所说，网络购物和传统实体店之间应该相互依存，这才会活得更好。优秀的企业应该立足传统，与互联网思维融合，产生新型的销售方法，而非简单抛弃原有的套路。转型如同登山，我们在这个山头，不能飞跃到另外一个山头，只能先下山再上山，走捷径只会摔死，因此我们先从传统销售方法开始复盘，从中找出问题，再渐渐地衍生出全新而又独特的销售方法。

传统销售方法的本质

要想升级传统的销售方法，就必须认清销售的本质。

传统的销售方法是自然而然产生的，市场从无到有，从稀缺到充分竞争。改革开放之初，产品稀缺，不得不凭票供应。在那个物资极度短缺的时代，我们甚至不需要销售，客户排队来买，我们只要把产品说清楚就行了，根本没有竞争，也不需要满足客户的独特需求。传统的销售方法论没有错，只是适合过去那个时代，与现在这个充分竞争的时代格格不入了。

对于销售人员，掌握运用传统的销售方法也是自然而然的。新员工来到公司，参加简单的公司和产品培训后就去见客户了，然后先介绍公司再介绍产品，这是特别顺理成章的销售方法。我大学毕业时做产品研发，后来转向销售，一开始就非常自然地用传统方法进行销售。

我的推销生涯

我大学毕业后做了一名程控交换机的研发工程师，每月只有几十元的基本工资，低薪尚且能忍，但忍不了无所事事，于是我辞职来到深圳。当时深圳有三家比较大的通信设备公司，华为、中兴和长虹，我加入了长虹。由于朝九晚九地编程，我就很羡慕外面生活的自由自在，于是转到了销售岗位。

我的父母都是老师，我缺乏待人接物和迎来送往的训练，销售生涯可以说是从零开始。公司没有对我进行系统的销售培训，就让我负责北方市场，我理所当然地认为，销售就是向客户介绍公司和产品。于是我拎着装满资料的大旅行箱，沿着路线跑遍东北三省，从沈阳到长春到哈尔滨再到黑河，见到客户就推销，客户常说"嗯，好，不错。把资料留下来，有需求联系你"。我信以为真，以为付出就有回报，跑了无数地方，见了非常多的客户，满怀希望地等待，直到今天一个电话也都没有等到。销售业绩可想而知，经历了大半年的碰壁后，颗粒无收。这对我是自然而然的事情，我是研发工程师，对产品滚瓜烂熟，见到客户就推销，这可以形象地称为"卖点轰炸"，这是最原始简单的销售方法。中小企业常采用这种销售方法，尤其为新人所爱用，其最大特点是简单易学，销售周期短，不需要高水平的销售团队。如果产品具有高性价比的优势，这不失为一种低成本、高效的方法，使销售人员能拿到订单，生存下去。现在多数电商直播的话术大概也差不多，但由于满口专业术语，没有把产品说清楚，客户常常云山雾罩，不明所以。

关系型销售

后来，我的销售策略也有变化，从简单的推销转变到了关系型销售上。我意识到之前推销的方法是完全行不通的，应该长期扎根下来，盯住一个市场不放，做透、做扎实。我第一个订单是周末逛街碰到的，当时街边有家通信器材商店，我和老板闲聊，他痛快地定了一台五六万元的产品。我尝到了甜头，和经销商打交道简单痛快，有代理商的"通风报信"，我对客户的"风吹草动"了如指掌。由代理商出谋划策，穿针引线，我在河南电信系统建立了人脉。代理商为我说话，市场上已经不仅仅是华为和中兴的声音。转折出现在一年以后，代理商通知我，客户领导要前往广东考察。我意识到这是一个难得的机会，公司也非常重视，大老板亲自与客户约定时间，接待工作细致而又隆重，也请客户到公司参观。随即我的大老板迅速回访，客户礼尚往来，隆重接待，为合作打下了良好基础。后面的事情顺理成章，客户邀请我们参加当地通信展，当时就签下了将近1000万元的合同，打败了华为和中兴，一度成为当地最大的国产通信设备供应商。在销售实战中，客户关系往往扮演着举足轻重的角色。个别时候有了客户关系，我们甚至不需要什么销售技巧，客户会主动说出需求，甚至出谋划策，为你说话。

但关系型销售方法有时会触及法律底线，给企业带来巨大的伤害和风险。在很多行业中，推销和关系型销售方法已经穷途末路。

推销的本质是以产品为中心

推销是最原始的销售方法，先介绍公司，再说产品的特点和益处，如同机关枪扫射，偶尔能够打中，大多数时间却在浪费子弹；而销售就像跳双人舞，要根据客户需求进行调整，不能只顾自己，应该在客户不同的购买阶段提供不同的帮助。在激发需求阶段应该帮助客户分析痛点，在立项阶段帮助客户分析投资回报率，在引导指标阶段为客户建立购买标准。推销是千篇一律的蛮横做法，本质上是为了完成销售目标，却不管客户需求，不关心客户遇到的问题和风险。

推销完产品和公司，销售员就不知其他，拜访变成蜻蜓点水，无法深入。客户采购周期很长，会考虑很多因素，绝不是把产品讲清楚了就行。在不同阶段有不同的方法和技巧，就像打篮球一样，有抢篮板技巧、传球技巧、投篮技巧、运球技巧，在不同阶段采用不同的方法和技巧才能获胜，如果推销太简单粗暴，就无法满足客户采购的需要。推销极易被替代，为了赢得客户，有的推销员常常会夸大产品的益处，导致坑蒙拐骗现象的发生。顾客渐渐加强防备，反过来导致推销更加艰难。最终客户发现，与其钩心斗角，还不如在网上购买。那么为什么推销有这些弊端呢？

市场中显然存在几种角色，第一个当然是我们自己，传统销售方法就是以自身为中心，向客户推销公司、产品和服务。但要完成交易，必须了解客户需求，并根据客户需求来介绍产品和方案。同时客户要货比三家，市场上还存在竞争对手，我们需要制定正确的竞争策略才可以取胜并获得合理的利润。所以销售方法的演变是一个自然的过程，是从以自我为中心转向以客户为中心，兼顾竞争的过程。销售中的角色关系如图 1-2 所示。

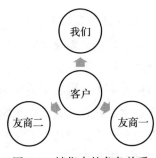

图 1-2　销售中的角色关系

值得重视的是，以自我为中心，或者以产品为中心的销售方法，必然导致企业以 KPI 为中心，又渐渐演变为以老板为中心，这将给企业文化造成巨大的冲击，使创业型企业转向官僚主义的金字塔结构。只有以客户为中心，员工才能面向客户，减少企业的 PPT 文化。换句话说，以客户为中心和以奋斗者为本是统一的，缺一不可。如果没有以客户为中心的销售方法论，以及方法论中包含的工具表格和话术，以客户为中心就变成了一句空话，以奋斗者为本就会变成以老板为本。

以客户为中心

销售和采购就像一张纸的两面，也像双人舞，由客户和销售两方构成，忽略客户肯定不能成交；销售也像恋爱，全心全意为对方考虑才是真谛。当我们的思路从自我渐渐转移到客户的时候，才会发现采购其实比销售还要复杂。

客户购买周期

以客户为中心并不只是一句口号，相反它拥有着丰富的内涵，客户购买比销售更加复杂，需要我们的帮助。销售是追求的过程，采购则是选择的过程，选择常比追求更困难，选择失败比追求失败更痛苦，风险也更大。以买车为例，一位销售顾问每个月总能卖出几辆汽车，拿到几百元到几千元的提成，可是客户几年才换一辆汽车，要付出几万元到几十万元的金额，这辆车将成为家庭成员，对一家老小至关重要。对比一下，这个交易对谁更重要？显然是客户。购买是选择的过程，选择有巨大风险。在很多时候，客户常常不知道如何选择和判断，比如我在十年前买房子的时候，面对两个价格差不多的楼盘，因急于入住，我做了错误的选择，十年过去，两个楼盘的环境和物业大不相同，价格也差了不少。

既然采购比销售更复杂、风险更大，那么客户采购的规律是什么？一般的研究方法是先研究客户的购买周期（如图1-3所示），再找出关键的购买要素，进而分析如何满足这些要素。

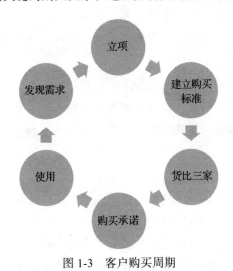

图 1-3　客户购买周期

发现需求

发现需求是购买的第一步，以吃饭为例，当我们有饥饿感的时候，就产生了吃饭的需求。这个阶段的核心是痛点，同样一个采购，客户可能有不同的痛点，吃饭的痛点可能是饥饿，也可能是社交（如请朋友或者客户吃饭），由于痛点不同，选择的餐馆也大不一样，痛点是引导客户需求的关键。

说一个我自己的例子。我经常买腰带，不是因为我热衷于此，而是因为我常丢三落四，出差时总是忘记把腰带放入行李箱。有一次出差到外地讲课，早上起来找不到腰带，只好跑到超市买了一根，我不要求款式和品牌，只要是黑色的就行。我匆匆返回酒店，这时还有5分钟上课，我来不及去洗手间更换，就趁着电梯里无人，准备将衬衣放入西裤中，系上腰带。谁承想，电梯停在二楼时，学员们从二楼自助餐厅涌进来，正好看见我解裤子，当时我社死得恨不能从电梯门缝里溜出去。上课没有腰带是我的痛点，这才是最根本的购买动机，品牌、款式和材质只是锦上添花。

没有痛点的需求就是伪需求，只有扎实的痛点才是刚需，围绕客户痛点进行销售才是有的放矢，堆砌卖点常常是浪费客户和我们自己的时间，易丧失宝贵的销售机会。

立项

客户确定购买时间和预算就是立项，客户并非有需求就一定会购买。比如，我们都有环游世界、购买豪华游艇和别墅的需求，可是我们不会真的购买，没有痛点时这些都是伪需求，而非刚需，当客户确定购买时间和预算时，采购才真正确认。预算极为重要，5元钱买包方便面，20元吃顿黄焖鸡，100元去喝咖啡吃顿西餐，1500元吃顿大餐，什么决定预算？是投资回报率，而非性价比。投资回报率是影响购买预算的关键。

客户购买固定资产，资产本身会因使用而使价值有所折损，但资产的使用也会给客户创造一定的价值，两者的比率我们称为投资回报率，当客户购买消耗品时，比如生产用的原材料，这时我们的注意点是投入产出比。销售方法论把投资回报率和投入产出比统称为价值，这是价值销售的起源。

建立购买标准

客户在购买过程中，会依据一定的指标做出选择，比如在挑选餐馆的时候，口味、位置、环境、价位和卫生条件都是考虑因素，这就是购买标准或者采购指标。在大型采购中，购买指标被写入招投标文件，具备法律约束力，厂家要严格按照标书提交方案和报价。在小型采购中，有时购买指标是模糊的、不全面的和不完全科学合理的，比如我在购买牙刷的时候，判断标准只是牙刷是否柔软，其他方面就考虑得极少。购买指标影响重大，必须有厂家的配合才能完成这些指标的设计，谁能够引导客户的购买标准，谁就会在竞争中处于优势。

货比三家

聪明的客户都知道，每个厂家和产品都有其各自的优点和缺点，而且它们一定会夸大其优点、隐瞒其缺点，要多比较才不吃亏，尤其是初次购买某种产品的时候。以往对此我们大概真的只能货比三家，但是互联网电商出现之后，我们足不出户就可以在网络上从成千上万的厂家中筛选，筛选的方式也和过去大不相同。我们可以按照销量排序，再根据好评度购买，但其实由于精力和时间的原因，客户深入比较的产品通常不会超过三家。

购买承诺

经过货比三家后，客户将做出购买决定，然而购买有风险，比如当我们打开衣柜时会发现很多不常穿的衣服，这就是购买失败的风险。不穿的原因很多，比如胖了、款式不流行了，我自己就总记不住买了什么衣服，所以常买了很多重复的，这都是购买风险，采购金额越大，风险就越大。购买风险最终会体现在合同中，降低购买风险往往就能成交。在这个阶段，讨价还价也是重要的内容，这是谈判的过程。在大型采购中，客户在采购的第二个阶段，立项时会对购买风险深思熟虑，购买的可行报告中就包含了风险的评估，在采购的第五个阶段，做出购买决定时往往会把对策写入合同。普通消费者就大为不同，他们常常是在掏钱时才想起购买风险，如果能够解决，他们就付钱，如果回答让他们不满意，他们就继续货比三家。

使用

合同并非采购的结束，产品到货安装直到使用，都是采购的延伸。在这个过程中，客户如果感到不满意，在大型采购中就会拒绝支付剩余账款。在电商体系中，七天无理由退货已是常态，这会给厂家带来损失，却也是无奈之举。目前无理由退货在实体店还没有普及，店家总会找出各种各样的理由避免退货，但是有越来越多的企业意识到，允许无理由退货是一种"倒逼机制"，能促使企业不断提升产品质量和服务水平。客户的使用体验不仅影响客户的重复购买，还会产生口碑，在互联网上传播，影响到其他客户。

为客户创造价值

客户要成功完成购买，必须得到厂家的帮助，当我们应该尽量参与到客户的购买周期中时，应在每个阶段都为客户创造价值。这是一个双赢的选择，我们既可以帮助客户，也更可能获得客户的青睐。在客户购买周期中，每个阶段都有不同的关键要素，比如需求痛点、投资回报率、购买标准、厂家和产品的优缺点、购买风险、满意度，我们针对这些关键要素构建销售方法，就是为客户创造价值的过程，也是以客户为中心的销售方法论的基础。

在传统的推销模式中，我们常忽略采购的早期阶段，当客户来到店面采购产品时常常已经到了货比三家的阶段，没有介入到客户发现需求、立项和建立购买标准的阶段。销售人员在传统上一般把安装和售后服务交给其他部门，而忽略了客户满意度，显然没有完整覆盖客户的购买周期，更谈不上在每个采购周期都为客户创造价值。

销售方法的演进

销售方法从以产品为中心转向以客户为中心，并非是一蹴而就的，而是经历了漫长的过程。在西方国家，从 20 世纪的大萧条，至罗斯福经济新政，再至第二次世界大战，正是资本主义工业化大生产迅速发展的时代，那时的销售方法简单，是典型的以产品为中心的推销。在我国，从 20 世纪 70 年代改革开放开始，市场从产品稀缺到产品琳琅满目、充分竞争，销售方法也开始了从以产品为中心向以客户为中心的转变，而且我们可以看到明显的转变趋势。这是一个优胜劣汰的过程，那些以产品为中心的企业被市场无情地消灭，只有那些真正以客户为中心的企业，才能生存壮大起来。

顾问式销售

20 世纪 80 年代，美国营销专家尼尔·雷克汉姆（Neil Rackham）在跟踪了大量的销售行为后，发现了一个出乎其意料的结果。在我们的印象中，优秀的销售人员应该口若悬河、能说会道，尼尔·雷克汉姆却发现，优秀的销售人员很少介绍，而是善于提问。他在 1988 年出版的《销售巨人》（*SPIN Selling*）这本书中，总结出了一种被称为"SPIN"的提问方式，包括现状提问（situation questions）、痛点提问（problem questions）、暗示提问（imply questions）和获益提问（need-pay off questions），被形象地称为顾问式销售，其本质是帮助客户发现问题并提供解决方案。这种方式迅速被企业采用，销售人员的称呼也从以往的"业务员"和"推销员"，转变为"销售顾问"，例如保险推销员成为理财顾问、售楼员成为置业顾问。

能说会道和口若悬河都是以产品为中心，更多的提问意味着真正关心客户需求。SPIN 方式的出现标志着传统推销方法的动摇，然而 SPIN 是一种提问技巧，只能覆盖客户采购的第一个阶段——发现需求，缺乏对客户采购流程的全覆盖，是一种实用的销售技巧，而非完整的销售方法论。比如大金空调的销售人员使用顾问式销售，帮助代理商分析传统空调系统的弊端，档次低、价格卖不上去等；对于那些已经决定购买空调的楼盘，他们为客户分析分散制冷系统的缺陷和危害，建议采用集中空调系统，而这是大金最有优势的部分。在这个过程中，顾问的销售技巧起到了重要的作用。后来，万科、万达、保利等大型地产公司都是集中规划、集中购买，客户非常有经验，根本不需要引导就能做好规划，销售团队更多面临的是招投标和价格竞争，此时顾问式销售很难发挥作用。

解决方案销售

由于 SPIN 只是一种销售技巧，而非完整的销售方法，解决方案销售应运而生，最典型的就是 IBM 的 SSM 和被微软采用的

SPI 解决方案销售。

　　既然市场存在客户和供应商两个元素，那么就产生了销售流程和购买流程，将这两个流程打通，就是解决方案销售的核心。IBM 曾经采用 SSM（Signature Selling Method，特色销售方法论），有人按照发音将这种方法称为"傻傻卖"。IBM 还有一套基于 SSM 的销售管理体系 SSL，被称为"傻傻乐"。SSM 和 SSL 构成了一套行之有效的销售管理体系。我加入 IBM 时，SSM 还没有被引入，我在新员工培训里学习的还是推销那一套，叫作 logical selling process。不过，我在 IBM 的老同事和好朋友韩玮是 SSM 的认证讲师，他曾经花了大量时间向我讲述了 SSM 这一销售方法（见图 1-4）。

　　图 1-4 的上方是客户采购流程，包括评估业务环境和策略、细化业务策略与发展方针、确立需求、评估选项、选择解决方案、解决顾虑做出决定、实施并评估结果；下方是销售流程，包括理解客户业务与 IBM 环境并建立关系、与客户探讨商机、协助客户建立购买愿景、阐明 IBM 的能力并确认商机、与客户共同开发解决方案、完成交易和监控实施以确保满足期望。SSM 的重点在于两个流程的互动关系，并为此提供繁杂的工具和表格。再次强调，IBM 还为主管提供销售管理体系 SSL，让主管学会通过销售报表、销售例会和辅导来管理销售。很多公司既没有销售方法论，也没有管理体系，销售和管理脱节，导致销售方法无法与销售报表、销售例会和辅导结合，实施效果大打折扣。

　　美国咨询公司 SPI 也看到了销售流程和采购流程之间的关系。与 IBM 不同，SPI 认为两个流程不是平行而是相互交叉的。换句话说，销售人员接触客户的时候，两个流程相遇而纠缠，在这之前两个流程各自平行发展，形状很像英文的"Y"。SPI 将这种销售方法称为解决方案销售，并衍生出了九宫格工具。

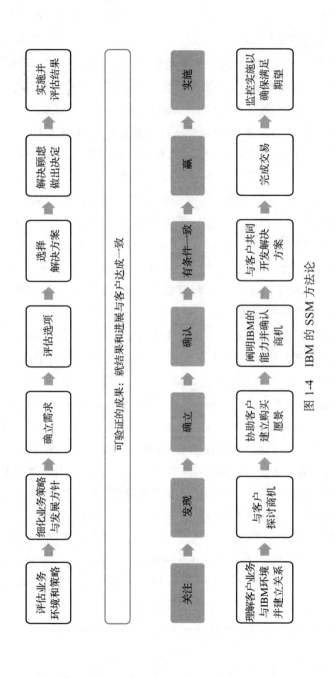

图 1-4　IBM 的 SSM 方法论

无论是 IBM 的 SSM，还是 SPI 的解决方案销售，它们都属于解决方案销售方法的范畴，这种方法曾经受到跨国公司的青睐，解决方案销售方法的概念因此大为流行。从产品销售升级为解决方案销售，销售方法取得了重大的跨越。IBM 推行解决方案销售方法时，我刚好服务于这家跨国巨头，我们的友商在性价比上具有极大的优势，但仍然采用传统的推销方法，拜访相关部门介绍产品：

友商："我们的 CPU 采用 64 位芯片，处理能力远超 32 位 CPU 的产品。"

友商："我们的主频是 IBM 的一倍，性能比它们高出 50%，价格却是它们的三分之一。"

友商在性价比方面具有极大的优势，而我们偏偏扬长避短，避开 IT 部门，去拜访业务主管，用解决方案销售的思路和客户沟通：

IBM 销售人员："您现在月底结算拿到计费数据，用半个月时间处理数据，您大约有 200 万通信用户，每个月话费平均 100 多元，每个月的通信收入在 2 亿元以上。如果能够及时收取话费，比现在提前一个月，这笔钱放在银行的利息是多少？一个月就损失数百万元，一年就数千万元啊。"

IBM 销售人员："欺诈行为越来越猖狂，有人买了几百元的电话卡拿去打国际长途，一个月话费超过 1 万元，计费系统结算时才发现，损失太大了，现在全国的电信系统都不能做到实时计费，不能实时发现异常，这得造成多大的损失和隐患啊？我看了您的收入数据，每年损失达到数千万元。如果您首先完成实时计费，不但能够避免损失，率先解决这个顽疾，还能成为国内的标杆。"

客户："这样一套计费系统大概需要多少投资？"

IBM 销售人员："软件加硬件大约 5000 万元。"

客户："大概需要多长时间？"

IBM 销售人员："从软件开发到上线至少半年时间，如果抓紧时间，还来得及在年底前建设完成。"

对比一下两种话术，谁能赢？最终结果是 IBM 尽管产品的性价比在排名上靠后，但是客户根本不在乎，他们更在乎解决方案的投资回报率，他们宁可多花些钱。投入越多，收入越多。这就像你在十年前知道房价即将大涨，你会多买些还是少买些？当时采用解决方案销售的 IBM 横扫市场，IBM 的解决方案销售转型非常成功。

然而，解决方案销售强调销售流程和采购流程的互动，把销售和采购放在同样重要而又对立的位置，是"脚踩两只船"的妥协，仍然不是真正的以客户为中心，销售团队夹在企业和客户之间，难以找到清晰的定位。销售并非厂家和客户间的游戏，还有虎视眈眈的竞争对手，解决方案销售缺乏竞争策略和方法，只是一种过渡型的销售方法论。这种方法在实际中仍有巨大的价值，可以帮助企业从低端走向高端。

我曾帮助多家企业完成从产品销售到解决方案销售的转型，帮助销售团队从销售简单的产品，转向销售复杂并且高利润的解决方案。我们曾经帮助华为设计解决方案的销售案例，当时华为已经是全球排名第二的通信设备供应商，仅次于瑞典爱立信，却产生了一系列问题：依靠性价比竞争导致利润率连续几年下滑，很多电信运营商把华为当作主要供应商之后，急需未来网络规划方向，可是华为的销售队伍擅长介绍产品，却缺乏规划和咨询的能力，这就需要提升解决方案的能力了。可是华为对于解决方案销售的理解产生了分歧，一线销售团队大都认为这个概念是解决方案销售（Solution Selling），但是总部的高价值产品部门却认为这个概念应该是销售解决方案（Selling Solution）。一线销售团队认为解决方案销售作为一种方法论，可以适合任何产品，即便简单的低价值产品也可以采用这种方法和思路，但是总部认为，只有销售真正的高价值产品才应该用到这种方法，简单低价值产品仍然应该沿用过去的推销模式。分歧是由利益决定的，总部高价值部门有自己的KPI，他们只想加强自己产品的销售，一线销售人员不关心总部搞出来的形形色色的解决方案，只想卖给客户想要的。最终的解决方法是求同存异，找到双方共同需要解决的问题，搁置分歧，最终做出了华为独特的解决方案销售方法论、销售技巧和训练案例。

各行各业的产品不同，但方法论和能力体系相差不多。像宁波美康从向医院销售医用检验产品转向提供整体、集约的外包医疗诊断服务，这种转型能够帮助企业摆脱同质化竞争，其解决方案销售的核心方法和华为大同小异，但有自己的变化。

价值竞争的特征

销售方法的演进，本质上都是从以产品为中心向以客户为中心转移。大约在2010年，IBM的销售方法发生了转变，放弃了SSM，进化到了CVM（Create Value Method，价值销售方法论），强调为客户创造价值。几乎与此同时，各大跨国公司的销售方法都演进到了价值销售阶段，这种销售方法论有以下几个特征。

与客户建立更广泛的深入和持久的关系

在传统销售模式中，由于同质化竞争削弱了企业利润，销售团队很难拿出充足的预算来经营客户关系，所以通常只与客户的采购部门和技术部门维持联系。而对于大型解决方案的采购，使用部门和决策者对购买决策的影响更大。例如，步步高与数码连锁店的合作，绝不仅仅是在采购部门，而是与客户的市场、销售、财务、仓储都建立了广泛的联系，挖掘并满足其需求，做出完整的促销解决方案。

更早地介入客户购买周期

销售团队常在客户货比三家的时候介入客户购买周期，但已经错过了客户购买的前三个阶段：发现需求、立项和建立购买标准。没有帮助客户发现需求，没有接触决策者，没有引导购买指标，即使赢了，也可能是所谓的"杀敌一千，自损八百"，赢了订单输了利润。在价值竞争销售方法论中，我们应该在前期"播种"（帮助客户发现需求），证明价值，帮助客户确定预算和购买时间，"锄草"（引导客户设计购买指标，屏蔽对手），对客户"精耕细作"。

证明价值

很多销售人员都喜欢对客户说："我们的产品可以大大改善你们的服务质量，大大提高生产效率，大大降低运营成本。"客户询问"大大"是多少，销售人员往往说不出所以然来，可是我们向客户收取的费用是明确写在合同上的，怎么能不向客户说明产品带来的明确的和量化的价值呢？

我们在前面谈到，客户并非总选择性价比高的产品，而是更注重投资回报率，因此我们就需要向客户说清楚，我们能够帮助客户解决什么问题，以及解决这些问题会带来多大的价值。这样讲很笼统，举个例子来说明吧。AVAYA是全球领先的语音和数据通信企业，其销售人员在向客户销售的时候，常说："我们的产品可以大大改善您的客服系统，大大提高客户满意度，大大改善员工办公设施，大大提高员工办公效率。"产品报价非常明确，销售团队却很难讲清楚为客户带来的具体价值，客户也很难比较产品带来的价值是否能够超过其购买成本。

采用价值销售方法之后，AVAYA的销售人员发现，他们可以帮助客户解决四个问题：话费高昂、办公场地紧张、维护成本高、出差频繁导致的费用高。AVAYA给了客户以下四个建议。①租用专线以节省电话费，按单价0.1元/分钟，每人每月200分钟通话时长计算，600人每月节省1.2万元电话费；通过公司内网拨打电话，节省长途话费，按单价0.15元/分钟，每人每月打50分钟计算，600人每月节省0.45万元。②使用移动办公方案，假设5%的员工（即30人）移动办公，按租金6元/（天·米²）计算，每人使用面积3米²，每月节省1.62万元。③AVAYA的产品还可以降低维护成本和管理成本，按照每人工资6000元/月计算，减少两名维护工程师，每月支出减少1.2万元。④采用AVAYA的视频系统，假设10%（60人）的员工每月减少出差一次，每次出差花费2000元，则每月节省12万元。四项相加，一年共计节省197.64万元，AVAYA的系统报价为150万元，大约9个月就能收回购买成本。按照财务相关要求，通信设施的折旧年限为 5 年，因此投资回报率极为划算，这就是为客户创造价值。销售方法论正在摆脱性价比的概念，转向投资回报率，我们和客户的关系将不是对立的，而是双赢。要想衡量为客户创造的价值，就必须以客户为中心，深入寻找客户痛点，并结合客户的实际情况，根据产品特点计算出为客户带来的价值。

帮助客户设计购买指标

在销售过程中，满足客户需求更重要还是赢得竞争更重要？你能满足需求，别人也能，现在同质化竞争十分严重，极大地伤害了企业利润，企业不能无底线降价，那样不仅会损害盈利能力，还会削弱产品研发、生产和提供服务的能力，进而损害客户的长期利益。客户向往美好的差异化产品，而非一成不变的陈旧产品。

有一次我在吃自助餐时，获得了极大的启发。那是和金光纸业的一次午餐交流，酒店提供同样的自助餐，每个人餐盘中的食物却完全不同：有人饭量大、有人饭量小；有人吃素，有人大鱼大肉；有人喝矿泉水，有人喝啤酒。为什么同样的自助餐，每人取来的食物却不相同？这说明，产品可能同质化，但是客户的需求存在巨大的差异，购买标准不一样，当我们放弃以产品为中心的思维模式，改换成以客户为中心的时候，就需要找出客户需求的差异化，进而帮助客户建立购买指标，提供差异化的产品。举个简单的例子，虽然汽车和数码产品越来越同质化，但是不差钱的客户的需求显然和一般消费者不同，当我们聚焦在客户身上，而非产品的时候，我们就能找到差异化的竞争策略。

竞争策略并非以竞争对手为中心，而应始终坚持以客户为中心，找出客户差异化的需求才是竞争的本质。竞争策略可以分成两个部分，一是帮助客户设计购买指标，这就像选择和布置战场，建立堡垒保护优胜指标，为竞争对手埋地雷。大多数客户并不了解如何分辨产品，就像我买第一套房产的时候，注重位置、交通，却忽略了开发商的实力，导致第一次购买并不成功。客户常常不能全面和深入地设计购买指标体系。我在为联想提供咨询的时候发现，一位很善于帮助客户建立购买指标的销售代表，不仅会对客户有帮助，还能把客户的购买指标引导到自己的产品优势上来。他常常这么提问：

> 销售代表："欢迎光临，请问您想看什么样的电脑？玩游戏啊？游戏本最重要的是显卡，您知道怎么选择显卡吗？"

屏蔽对手，帮助客户避开购买陷阱

每个厂家都拼命宣传自己产品的优点，对产品缺陷避而不谈，这常常导致客户购买失败。因此，我们不仅要懂得自己的优点，还要知道竞争对手的缺陷。在客户货比三家的时候，帮助客户意识到竞争对手的缺点带来的危害和购买陷阱，可以让我们处于竞争优势中。厂家的优点常在早期就宣传给客户，这是人性，就像在相亲过程中人们总突出优点，隐藏或者淡化缺点。如果在恋爱过程中能够发现缺点，看看对方能否改正，如果不能改正，则看这个缺点是否致命，自己是否能够接受。如果答案是不，还来得及快刀斩乱麻，提出分手。如果不谨慎，在婚后才发现缺点，就会悔之不及，遭受重大的损失。

有经验的购买者在签订合同支付首付款之前会进行慎重的调研，最有效的办法就是进行比较，搞清楚每个潜在供应商的优缺点并评估影响。可是大多数销售人员只知道其产品的优点，而不知道友商的缺点，更不知道如果不制定补救措施来弥补自己的缺点，既对客户的采购不利也对自己的销售不利。

解决方法是为客户提供多种思路，由客户自己进行利弊分析，既帮助客户避免购买陷阱，也可以趁机屏蔽竞争对手，而不应该只是一味地推销自己的产品和方案。

管控风险，确保收款

采用新的销售方法论有利有弊，在获得更大的销售收入和利润的同时，也存在销售周期延长、销售费用提升的风险，而且当我们提供了全面和完整方案的时候，收款风险更是大大增加了。客户的购买风险始终存在，如果不去有效地管控这种风险，既会给客户造成损失，也易导致签了合同收不到款。

围绕上述六点：与客户建立更广泛的深入和持久的关系；更早地介入客户购买周期；证明价值；帮助客户设计购买指标；屏蔽对手，帮助客户避开购买陷阱；管控风险，确保收款，为客户创造价值和竞争博弈构建了新的销售方法论，可以称之为价值竞争，也正是这本书的主题，这是先进而又落地的销售方法论，足以支撑企业的销售体系。我在2006年出版的《输赢》一书中，借鉴武侠小说的写法，将销售方法称为"摧龙六式"，并融合到故事中，没想到小说大受欢迎，这个名字也不胫而走。这十多年以来，我不断与企业接触，通过研究和学习，将销售方法升级为"摧龙八式"，我在课堂上和在线课程中也沿用了这个名称，但是正式的名称还是价值竞争。

客户向往好产品，又舍不得花钱，总在性价比和价值之间摇摆。有些企业追求低成本、高效率，采取的策略类似沃尔玛和京东，大规模制造，降低成本；也有些企业致力于创新，生产制造差异化产品，树立品牌。销售方法从性价比向价值转型不是一蹴而就的，这需要一个过程，中间甚至可能出现反复。我们应该有两手牌，既有走量的产品，也有增值产品，双手互搏。比如低价赢取招投标，再向客户销售非标的产品，随着招投标的管理越来越严格，这种有商业欺诈嫌疑的情况越来越少见了。就像京东和沃尔玛，并非所有产品都是廉价的，它们也有相对高利润的产品。这就是所谓的"红海"和"蓝海"，我们始终要在"红海"中寻找"蓝海"，就像IBM在十几年前看出了PC市场的恶化，就彻底抛弃PC生意，"壮士断腕"，卖给联想，现在看来十分明智。联想买入IBM的PC业务后补给了自身短板，这是一个双赢的合作。这已经不是销售方法论的范畴，而是企业的战略判断了。

销售方法论是企业销售体系的基石

采购流程分成六步，再加上前期与客户建立关系和后期的收款，就构成了价值竞争的八个步骤，分别是：建立信任、激发需求、证明价值、引导指标、屏蔽对手、成交、赢得口碑和回收账款。这些步骤和阶段极为常见，然而方法论有更深的内涵。首先，我们要明确销售方法论要在什么时机帮助哪个购买角色解决什么问题。这意味着我们常常要询问自己：客户处在什么购买阶段？哪位客户起到关键作用？他在关心什么？这构成了销售方法论的主轴。其次，针对不同的购买要素要使用不同的工具和模型。比如在建立关系的时候可以使用PDP（Professional Dynamic Program）性格分析模型和客户关系发展表；在证明价值阶段，应该使用价值建议书。企业的销售方法和指挥体系如图1-5所示。

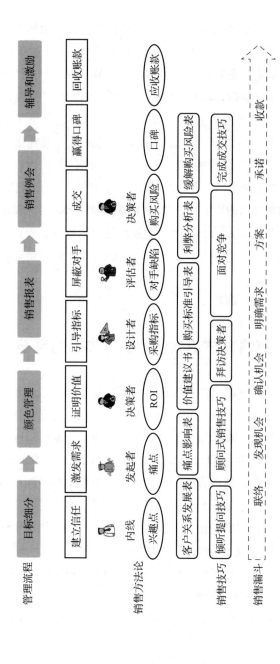

图 1-5　企业的销售方法和指挥体系

　　这只是标准流程，每个企业的产品和客户形态都不同，因此每个企业的方法论也不一样。比如中国移动经过数十年的发展已经与绝大多数政企客户建立了合作关系，此时销售方法论的重点是保留和深耕客户，推荐高价值的数据解决方案，于是在标准的六个流程之外加入了四个保留和深耕的步骤。一家销售在线 ERP 租赁服务的企业的订单金额比较小，销售周期大约在一个月，因此将标准的销售流程压缩到四步。有的企业订单金额极大，周期极长，比如上海电气生产和制造风力发电设备，从发现客户到签订合同再到收款的周期长达两三年，八步太过笼统，因此它的销售流程更加细分，形成更多的销售步骤。

　　企业压缩或者扩张自己的销售方法论并不是简单的合并和增加，而是需要补充内涵，包括相对应的销售动作、工具和销售技巧，还要设计案例对销售团队进行训练。比如华为再迭代销售流程时，就以华为大学为主，从前线和后台抽调精兵强将，与外部顾问合作，才设计出完善的企业销售流程。

销售管理体系的基石

　　很多公司的销售管理体系独立于销售方法论，本来应该像齿轮一样推动销售业绩，但实际上是两层"皮"，脱节并且流于形式。销售管理流程包括目标细分、颜色管理、销售报表、销售例会、辅导和激励。销售报表至少应该包括客户、销售线索、销售活动三大类信息，用销售方法论来定义，比如客户资料中的客户的购买角色、关系阶段、客户性格类型、兴趣点都是销售方法论中的内容。在销售活动中，活动目标应该涵盖销售方法论中的主要步骤。在销售例会、辅导和激动中，主管和销售团队应该使用相同的销售语言，确保公司有先进而又统一的销售套路。

销售管理体系将成为公司检查和指导销售工作的核心，如果没有销售管理体系支持，销售团队即便学习过销售方法论，但是每个人的理解都不一样，没有得到检查和辅导，学习效果也会大打折扣。销售方法论和销售管理体系相辅相成，缺少了其中任何一个都像汽车缺了轮子，无法正常前进。这种方法通常被叫作销售漏斗管理，将在本书的最后一章进行简单介绍。

销售技巧

在不同阶段，面对客户的购买角色不同，针对的关键要点不同，和客户的沟通方式也不相同。比如在建立信任阶段，搜集资料需要使用倾听提问技巧；在激发需求阶段，我们可以使用顾问式销售技巧，帮助客户发现痛点及其影响；在促成立项阶段，要使用决策者拜访技巧，证明产品的投资回报率。不同的企业由于产品和客户不同，销售技巧体系也不相同，比如汽车专卖店的销售顾问与每位客户的沟通时间不可能太长，要将几个步骤合并，一次完成，而对于华为和IBM这种销售千万级别的产品的公司就需要将每个步骤分成多次，逐次完成。

由于客户不同，销售方法也应该随之改变，比如大订单和小订单、新客户和老客户，我们都要调整销售方法，不能生搬硬套，应灵活应变，随客户"起舞"才是正确的做法。

CTL 和 LTC

销售流程通常包括两个部分：第一部分是客户（Customer）到线索（Leads），即CTL（Customer To Leads），这是客户管理和孵化的过程；第二部分是线索（Leads）到现金流回收（Cash），即LTC（Leads

To Cash），这是打单的过程。很多企业通常不区分这两个流程，销售人员自己寻找客户，孵化销售线索，这种做法并不高效。

　　一般来说，从客户孵化出销售线索的周期较长，往往涉及市场分析和定位、市场活动（行业展览和广告宣传），从大量客户中筛选培育线索需要广泛、持久而低密度的覆盖，很像播种和发芽的过程。很多企业没有这个流程，销售人员"一个萝卜一个坑"，谁播种，谁收获，就像加热冰水一样，过早投入销售力量既浪费资源又毫无效果，还会引起客户反感。LTC是客户有了明确的购买意向后，销售团队在限定时间内深入跟进，打败竞争对手，赢取客户承诺，很像锄草和收割，我们应该区分这两个截然不同的流程。

　　在互联网时代，LTC过程很难在线上完成，CTL过程却大大不同，我们越来越多地利用互联网来完成客户的管理和孵化。在后面的内容里，我先介绍从客户孵化销售线索的流程，再更加详尽地介绍从线索到现金流回收的流程。

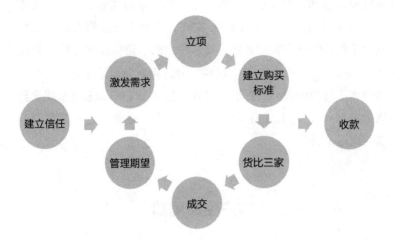

第二章

客户管理和孵化

销售团队都关心销售线索，想像饿虎扑食一样扑上去拿下来，可是客户并不总是在采购，这就像烧开水一样，需要将客户从常温加热到接近沸点，此时才是合格的销售线索。强扭的瓜不甜，企业应该建立和完善CTL流程，源源不断地将合格的销售线索（而不仅仅是客户）分配给销售团队，销售流程才能水到渠成、瓜熟蒂落。这个过程包括客户分析和划分、目标分解、市场活动等不同的阶段。在互联网时代，相对于LTC流程（从线索到现金流回收），CTL流程受到了更大冲击，企业应趁着互联网浪潮改造这个流程。

客户生命周期

客户划分

正确的客户定位对于销售意义重大，在肥沃的土地上随便撒一把种子，收成很可能超过在盐碱地的辛勤耕作。一般来说，我们按照下面的方式进行客户群划分。金字塔底层是数亿家庭客户，他们购买力有限，非常感性，我们通过市场和渠道进行覆盖。第二层是数百万中小企业市场客户，他们购买力不强，我们对其采取打猎的策略，不"播种"、不培养客户，像打猎一样，等客户成熟后发现销售线索的时候再争取订单。第三层是大型企业，比如国内数千家上市企业，购买量较大，需要专业的销售顾问精心照料（"播种、灌溉锄草和收割"）。金字塔最顶层是行业客户，涉及政府、教育、医疗、金融、电信、交通、能源和基础设施等客户，只要吃下任何一个行业都足以支撑企业发展，此时，企业往往需要一个销售团队来支持一个客户。

这四类客户差异极大，很多企业都建立了不同的组织结构和业务流程分别对其进行销售。比如华为的运营商业务就属于价值最高的客户，常年贡献一半的年销售收入，针对企业的业务大约不到运营商业务一半，与代理商合作销售手机、电脑和电视的业务为零售业务，接近销售收入的一半。运营商的业务量占总业务量的一半以上，几乎只来自全球前50家电信运营商，极少数客户贡献了极大的价值，遵循了有名的"二八原则"。

不同行业差异极大，对客户进行正确的划分，才能因地制宜地制定销售策略。例如，正大集团就根据养殖户的存栏数进行客户划分，存栏500头算作大型养殖户；戴尔公司则根据客户员工人数进行客户划分，大于1500人算作大型客户，否则就属于中小企业客户。

传统的划分方式是，销量占公司前10%的客户称为头部客户或者大客户，前10%～30%的客户为腰部客户，或者中型客户，其他为小型客户。这种客户划分方式很实用，却存在问题，比如一家企业销售了大量友商的产品，给我们带来的销售贡献却很低，被划入了小型客户，而有可能这个客户才是销售的重点。更精细的划分依靠市场调研，根据客户的真实力量进行划分，这属于市场分析的范畴，通常不属于销售体系的讨论范围。

客户的生命周期

客户有一个从诞生到流失的过程，这就是客户生命周期，一般分成四个阶段：获取、发展、保留和流失（如图2-1所示）。在这四个阶段中，企业经营目标大不相同，绩效考核指标也有不同侧重。

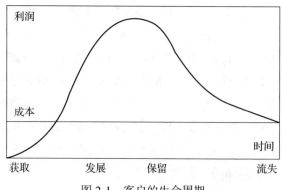

图 2-1 客户的生命周期

在客户获取（Acquisition）阶段，企业支出大量的市场拓展和销售成本，用来建立关系和品牌，但新客户更加关心产品价格，导致利润率偏低，这个阶段的经营重点是销售收入的增长。在发展（Development）阶段，客户有了品牌认知，销售费用开始下降，企业也从销售简单产品走向解决方案销售高价值产品，攫取合理的利润。此时考核目标注重兼顾销售收入和盈利。在保留（Retention）阶段，投入大量资本推动销售收入增长并不划算，考核的重点应该以销售利润为主。试图抓住所有客户不现实，而且并不明智，应根据客户的贡献和信用，提供选择性的服务。比如，航空公司根据里程将旅客分成银卡、金卡和白金卡，分别在办理乘机手续、升舱和里程计算方法上提供差异化服务。银行同样如此，招商银行向存款达到一定要求的客户发放金葵花卡，持卡人有独立的贵宾室和专属柜台提供服务。在流失（Customerlost）阶段，最大的风险来自应收账款和烂账。客户流失有时是产品和服务的瑕疵造成的，极易带来应收账款和烂账，此阶段预警工作极为重要，应确认客户的购买量是否下降，投诉是否增加，是否需要更换销售团队来弥补客户关系。我曾经为广东移动的集团客户部提供咨询服务，他们特别注意保留阶段。当客户流量和话费下降的时候，CRM 系统开始预警，销售人员与客户进行沟通，找出原因，并通过优惠套餐将客户继续绑定。

攻守模型

将客户购买潜力作为横轴，企业的销售份额作为纵轴，就产生了一个矩阵，可以称为攻守模型（如图 2-2 所示），这是指引企业分解销售目标和制定策略的基础。

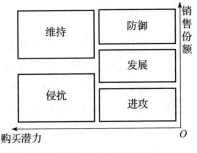

图 2-2　攻守模型

"防御"是指那些购买潜力很大、占有的市场份额极高的客户群，这些客户会源源不断地产生盈利，可将其用于市场扩张。一般来说，这个区域要精耕细作（"播种、灌溉、锄草和收割"），只有这样才能有好的收成。销售团队应该能够覆盖完整的购买流程，具备顾问式销售技巧，向客户提供深入和完整的服务。"进攻"的市场中是那些极具潜力，但是我们占有的份额较低的客户群，对此应该组建强有力的销售团队，重点进攻，对竞争对手强大的市场进行细分，在细分领域形成优势，渐渐吞噬对手的份额。对于这类客户，我们通常有较大的投入，应该注重销售收入的增长，而不要太看重短期利润。"维持"是指那些潜力萎缩，但是我们仍然占据优势的市场，这不能轻易放弃，应该源源不断产生利润。有时这个市场是夕阳产品，但由于竞争对手的退出，盈利能力相当可观。市场不大，我们份额也不大的市场，不要轻易放弃，否则就是对竞争对手的养虎为患。比如，一家广东企业在北方地区业务极少，销售力量暂时不能覆盖，却不想让竞争对手做大，便在北方发展区域代理，投入不大，但也可以产生一定的销售收入，而且可以判断市场走势，投石问路。

业务的攻守转换

攻守转换不仅适合客户群，也适合产品和业务，而且螺旋式的转换和平衡对于企业发展极为重要。华为是从极小的交换机业务发展起来的。在 20 世纪 80 年代，华为依靠代理香港的用户交换机起家，到了 90 年代初，用户交换机业务成为华为的根据地，产生了源源不断的利润；后来华为重点开发 HJD256，这是进攻的业务。当新产品成熟之后，华为进军农村和乡镇用的大型交换机，蚕食爱立信和西门子的市场。当通信网络产品成为大本营之后，华为依靠这里产生的利润，拓展消费品市场，如今由于众所周知的原因，消费品业务受到打压，华为开始在企业级市场发力。当下，华为赖以起家的小型交换机早已萎缩，华为就是在这个攻守转换之间发展壮大起来的。在攻守转换的过程中，进攻的领域往往是竞争对手的根据地，应参考《孙子兵法·谋攻篇》："十则围之，五则攻之，倍则分之，敌则能战之，少则能逃之，不若则能避之。"不能硬磕，而是应该在细分产品和细分区域形成绝对优势，势如破竹。我们通常在进攻、侵扰和维持时采用类似打猎的销售方法，基本不培养客户，而是寻找商机，扑上去拿下订单，周期短、见效快，以销售拳头产品为主，但利润也有限。"打猎"和精耕细作应该能互相协调、随时转换。比如，国内领先的饲料企业双胞胎集团在快速崛起的过程中，组建了强大的"突击队"，在重点市场投入"兵力"，开着卡车来到乡镇，张贴广告，"敲锣打鼓"地拜访养殖户，横扫市场，留下维护人员跟进，卡车再开往下一个村庄拓展市场。这就是典型的由重点进攻再转向精耕细作的例子。华为也是如此，在细分市场放置"铁三角"，由负责关系的 AR、负责技术的 SR 和负责售后服务支持的 FR 组成，负责"打猎"，发现小订单就"一口吃掉"。一旦发现大订单，地区总部的"重装旅"就气势汹汹"杀"过去，确保24 小时不失控，毕其功于一役。华为强调要在听到炮火的地方指挥战斗，其实就是强调前方与后方的快速协同配合。

华为和双胞胎集团的业务模式和发展阶段不同，双胞胎集团将突击力量放在进攻上，而华为将力量放在"根据地"，双胞胎集团在占据较大份额之后，也会将突击力量放回"根据地"。不管如何配置销售力量，快速协同和配合都是关键。

考核方式

企业进入市场不应该冒失，应分批逐次投入力量，争取形成良性循环，这就要控制进攻和防御的节奏。戴尔刚进入中国市场的时候，先在北上广建立办事处，招聘和培养销售队伍，摸着石头过河，其绩效考核主要指标是销售收入。第二年，一线市场进入精耕细作阶段，产生利润，考核指标一半是销售收入，另一半是盈利，在团队和资金进入二线城市后，以考核销售收入指标为主，鼓励销售团队大力扩张。市场进攻和防守之间应该保持平衡，使防守区域产生的盈利能够支持新市场的拓展，但这需要经过精心的 KPI 设计和计算。

能力要求

"打猎"和"精耕细作"对销售团队的要求有极大的不同，就像武将打江山、文臣守江山。李世民打江山靠的是秦琼、程咬金和尉迟敬德这些人，但是战争结束之后，李世民更依靠房玄龄、杜如晦这些文臣。通常来讲，"猎手"经常出差，常遭遇陌生客户的拒绝，但态度要非常积极，有抗压能力，通常应选择年轻的销售人员，他们应在客户有明确需求的时候介入。对他们的考核应以销售收入为主，不要过多考核利润，目标应该比成熟市场稍低。负责新市场的"猎人"的销售目标通常是成熟市场的一半，如果进攻和防守区域的目标相近，将会导致新人频频"阵亡"，而老人"躺在床上"都能完成任务的情况。

"农夫"负责根据地，全程介入客户的采购，不仅要熟悉产品，还要懂得客户的行业趋势，能够在客户没有发现需求的时候进行"播种"，帮助客户发现痛点，让需求生根发芽。农夫还要管理客户期望值，参与实施，确保客户满意度，稳固核心客户，知识面、能力和经验要比"猎手"更加全面，所以常常选拔年纪稍长的资深销售顾问。他们的绩效目标也要高于"猎手"，不仅要求更高的销售收入指标，还应该考核盈利和应收账款指标。

销售模式从"打猎"到"精耕细作"的过渡，有一个让人头疼的问题，那就是很多公司采取"打江山者坐江山"的原则，这会带来不少的隐患，销售人员会认为这是他们努力打拼下来的，是他们的资产，谁也不能碰，哪怕老板都不行。这样下去难免形成藩镇割据，尾大不掉。健康的企业应该建立客户划分机制，将销售团队分成"猎手"和"农夫"团队，即"猎手"打下来的客户转交给"农夫"深挖潜力，但这也不是放之四海而皆准的方法。客户交接容易伤害销售人员的积极性，且易使客户感到莫名其妙，应以三四年为宜，并设计好合理的激励机制，不能让打江山的销售拱手交出客户却没有任何补偿。

"流水不腐，户枢不蠹"，客户交接与销售人员的发展和转职紧密相关，这也是企业人才发展战略，涉及面极大，不可不察，既不能轻举妄动，也不能尾大不掉。客户划分、绩效考核和能力培养紧密相关，牵一发而动全身，需要全盘慎重地考虑和策划。

互联网时代的客户孵化

在传统意义上，我们依赖市场部来"加热"客户，孵化销售线索。首先建立客户资料库，有针对性地安排市场活动，邀请客户参加，帮助销售团队在有利的场合和时机与客户认识，避免陌生拜访，请客户填写反馈表，找到销售线索，再转移给销售团队。我负责销售团队的时候曾经算过一笔账，假设在一个区域市场有100个目标客户，每天拜访4个，需要1个月以上的时间，薪水加上交通应酬的费用，达到几万元，而且陌生拜访效果极差。我更喜欢请市场部在环境优美的地方举办研讨会，列出客户名单邀请客户参加，更加高效，费用也不见得增加多少，但效果要好很多，而且通过反馈表总能找到几个销售线索。

互联网时代，在复杂的销售过程中，LTC流程（从线索到现金流回收）依赖于线下，很难完全在线上完成，但是从客户孵化销售线索的CTL流程却可以将线上和线下相结合，颠覆了以往的做法。

扩大流量入口

寻找足够多的目标客户是孵化客户的关键，扩大流量入口是找到目标客户的关键。普通消费者使用抖音、百度、微信、微博和 QQ 等 App 进行搜索，专业客户更依赖于专业网站和线下活动，这都是流量入口。互联网经历了从 PC 到手机的迁移历程，以往以文字入口为主，那是门户网站、博客和论坛时代；互联网在 2010 年左右进入图片时代，朋友圈和微博开始大行其道。从 2015 年开始，短视频爆发增长，视频网站控制着相当大的流量入口，流量入口掌握在互联网企业手中，比如字节跳动、腾讯、百度，然而，它们一般顾不到垂直领域和细分领域。

企业应该结合自己特色采纳适当的流量入口策略，在行业展览、拜访客户时扫微信二维码加好友是传统的线下入口，这也不能忽视。

自媒体

我们还要将流量导入能够管理和运营的平台，它可以是企业网站、淘宝店、公众号或者创始人的微博，这样公共流量就转变为私域流量。要想吸引粉丝，就需要精心设计入口内容，通过文章、图片和短视频等形成企业自媒体。互联网时代的新媒体内容与传统媒体有很大不同，需要标题新颖，内容简短、有趣，图文视频搭配，要切中热点。除了生动的自媒体，"网红"也是吸引和保留粉丝的关键。"网红"们不按常理出牌，总以出乎意料的方式爆红，有时又倏然陨落。他们自带光环，野蛮地从入口获取流量，如果持续经营，就可以保持很长的生命力。一个小小的短视频团队，摄影、文案、"网红"互相配合，在极短时间内就能攫取数百万的粉丝。

孵化销售线索

简单产品可以直接转化和变现，眼下各大平台都将电商视作盈利的重点，纷纷推出扶持计划和物流体系，帮助"网红"变现，带货主播成为吃香的职业。但对于高价值产品，客户购买慎重，很难在线上直接成交，这也是 B2C 市场被互联网颠覆而B2B 市场仍然屹立不倒的原因。然而，互联网可以孕育客户，完成从客户到销售线索的孵化，再通过线下传统的方式成交。当我们积累了大量行业和专业的粉丝之后，可以邀请他们参加展览会和交流，巩固关系的深度，进入销售流程。

在转化的过程中，"爆款"极为重要，抖音的主播和用户数量众多，抖音的策略就是在每个不同阶段选择不同的头部主播，用流量扶持头部内容，其他主播争相效仿，引领内容的翻新和迭代。

口碑和服务

有条轰动一时的新闻：一位武汉顾客在购物网站购买苹果手机后发现电源是第三方产品，立即给了一个差评。电商向其邮寄了原装电源，要求顾客更改差评。这位顾客很慎重，又买了一部，电源已改成原装，他却没有修改以前的差评，反而随手给了一个中评。电商企业主管从深圳飞往武汉，找这位客户理论："我们更换了原装苹果电源，你又买个原装手机，质量过硬，为什么还给中评？"这位主管发出威胁："你是恶意客户，如果不更改评论，我就公布你的购物记录和信用卡信息！"这件事最终成了新闻。这里我们不去评价双方行为，但由此可见口碑的重要性。

客户拓展计划

销售目标和地盘

这是一个传统和创新交织的时代，一般来讲，低价产品更适合互联网电商，高价产品仍然在沿用传统的销售模式。商业市场的客户采购金额大，对于可靠性和安全性的要求极高，牵扯部门多，系统十分复杂且专业，很难想象他们会从抖音短视频五花八门的主播那里采购。在传统的商业市场，销售团队和市场部密切配合，一起孕育客户，孵化销售线索才是主流，互联网的经营思路只能作为参考。

客户管理和孵化不是销售团队可以独立完成的，需要市场部的配合，也需要销售预算的支持，因此每个季度进行一次客户梳理是必不可少的步骤。在我的销售生涯中，每个季度都会有一个大区级会议，通常选择在城市附近的景色优美、环境舒适的宾馆，拿出两三天时间来进行总结和规划。

规划与每位销售人员的切身利益直接相关，具体来讲就是定任务，分地盘，决定奖金和提成。八仙过海，各显神通。曾有一位可口可乐中国的大区总经理，新季度要承担很高的增长任务，他的销售主管们都露出了畏难情绪，那么如何把销售目标拆解到每个人呢？他想到一个办法，找来一位很有名的成功学讲师。可口可乐是一家著名外企，销售主管们大都是三四十岁，经验丰富，他们喜欢听"高效能人士的七个习惯"这样的经典课程，却不喜欢打鸡血的成功学，在他们眼中，成功学讲师和江湖骗子大概没什么区别。但老板安排的培训必须去，成功学老师声嘶力竭，学员们不为所动，但课程早做了设计，每个小组都安插了助教负责调动气氛，经过一两天的气氛烘托，在大家热情稍微高涨的时候，讲师把分配任务当作了一个案例，学员们不明就里，不知真假，在讲师人定胜天的理论下，他们提笔谨慎地写下了目标承诺。讲师不满意，规定目标最低的人要做俯卧撑，原本只能做10个，在众人气氛烘托下做了20个，那么原先5000万元的任务是不是能够做到1亿元？在一种丧失理智的气氛烘托中，主管们纷纷写下超额的销售目标，加在一起的总额远超那位大区总经理的任务。整个过程异常尴尬和鸡血，但是销售任务的分配圆满完成。

　　我在戴尔公司做销售主管的时候，抢客户和定目标时也有过很不舒服的经历。当时我的老板是北方区总经理，与我属于正常工作关系。他加入戴尔公司时带来了一位主管，他负责的区域人均销售任务是我团队人均任务的一半。而指标完成度和提成挂钩，所以我们团队每个人的收入都会受到影响，我很难向下属交代。雪上加霜的是，另外一位和我平级的东北市场总监担心不能完成任务，就想方设法讨好老板，常常在老板酒酣耳热之际请求减少销售任务，且总能如愿以偿，于是任务被加到其他团队，我苦不堪言。在这位老板加入公司之前，我总能超额完成任务，他来之后，我们的销售没有特别大的起伏，销售目标加了好多，完成率降到了70%。我不得不怀疑，老板是不是在针对我，这导致我最终离开了销售部门，转到培训部门。

　　这种依靠关系和印象的目标分解和客户划分存在严重的问题，既打击了员工积极性也缺乏依据和判断，往往做出不合理的计划，当然不会有好的结果，而且很伤那些在前面冲锋的人的心。

客户拓展计划

分配目标和划分客户不能拍脑袋，攻守模型是规划客户和制定任务的工具，表2-1就是每个销售人员都要使用，主管都要检查和讨论的客户拓展计划表。

表 2-1　客户拓展计划表

RAD	客户名称	BP 高中低	SOW 高中低	商机名称	预计金额
R					
A					
D					
市场计划					
支持和资源					

客户拓展计划通常每个季度每位销售都要清点一次，在这个

表格中，核心是把客户列出来分清楚，就像古代先丈量土地才能合理收税。R（Retention）类客户相当于肥沃的土地，理应打出最多的粮食。A（Acquisition）类客户属于打算开荒的土地，需要投入更多的精力和费用，从友商手中争夺过来。D（Development）类客户属于刚刚开拓出的田地，只要好好经营，就有潜力成为未来的粮仓。通常 RAD 三类客户需要一一列出每个客户名称，如果没有列出很可能放入公海池，谁抢到是谁的。除了 RAD 三类客户之外还有大量的中小型客户，很难一一列出，通常不进入表格。由于每个企业差异极大，这个表格也要和企业的实际情况相结合。比如，我在 IBM 时曾经负责中国移动总部，就这一个客户，客户拓展计划也需要有所改变。

如果客户众多，依靠销售团队逐一拜访很不现实，可以借助展会、巡展、新产品发布会，大范围覆盖目标客户，节省时间，为客户带来不同维度的体验，加强市场部门的协调，往往事半功倍，这也需要在客户拓展计划中列出，协助市场部门做出规划。

销售目标往往是理想和现实的妥协，不一定合理，绝对不是一蹴而就，能轻易完成的，用个形象的比喻，伸手够不着，踮起脚尖也够不着，销售团队必须拼尽全力起跳才能够得的，才是好目标。当销售团队觉得目标遥不可及时，会保持什么样的心态呢？盲从不可取，躺平也不对，正确的做法是和主管讨论完成任务的条件，比如增加人手、增加客户、扩地盘和要预算，这就是表格中的最后一项——支持和资源。

每位销售做出客户拓展计划后，应该提交给上级主管并进行讨论，最终根据这个表格汇总来确认目标、预算、市场计划和客户划分。客户产生商机，商机产生销售收入，对客户情况了如指掌是企业的最低要求，每个季度梳理一次客户拓展计划是十分必要的。当我们把客户梳理清楚之后，就可以正式开始销售了。

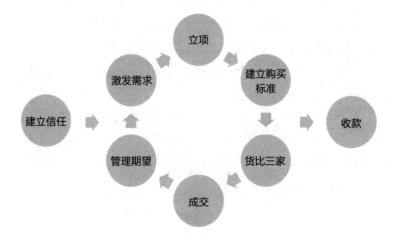

第三章

建立信任

　　做事先做人，客户关系是销售的基石。如果没有信赖感，客户就只会透露表面信息，不会讲出心里话；如果没有信赖感，客户就不会为你说话；如果没有信赖感，客户就只会告诉你采购指标，而不会告诉你深层次的购买动机；如果没有信赖感，客户就永远不会告诉你竞争对手做了什么；如果没有信赖感，客户就永远不会说出心中的顾虑和担心。建立良好的客户关系，永远是销售的基础，古今中外都不例外。

　　推销以产品为中心，关系型销售重视客户，偏向以客户为中心，认为拉关系就可以完成销售，忽略了价值和竞争策略。实际上，客户关系和价值竞争销售方法论并不矛盾，价值竞争销售方法论并不排斥与客户保持信赖关系。

客户既感性又理性，归根结底是感性的

　　客户是感性的，有时他们既不选择性价比高的产品，也不选择投资回报率高的产品，而是选择他们信赖的产品，尤其在小型采购时，比如购买牙刷和牙膏，谁也不会考虑性价比和投资回报率，顾客通常是根据品牌进行购买，这是产品带给客户的信赖感。在大型采购中，购买变得理性，却始终存在感情的成分。客户在真正发起购买和做出购买决定的时候常常是感性的，理性则体现在购买过程之中，客户会经过慎重调研，全面和深入地比较，这种理性是服从于感性的。为了控制采购中的感性行为，越来越多的招投标法规出炉，政府和央企的采购纪律越来越完善，这些措施杜绝了招投标的违规行为，进一步巩固了人和人之间的信赖感。

　　既然采购是感性的，人的作用就十分关键。我在戴尔公司负

责培训的时候，常有培训公司上门销售，我时间有限，无法对所有来访者都一视同仁地接待，只好请秘书把他们拦在前台，我出去与他们聊聊。如果他们形象专业、回答得体，公司也有一定的名气，而且我恰好有相关需求，便把他们请进会议室详谈。相反，如果没有良好的第一印象，我通常会在前台聊几分钟，留下资料后就把他们送出办公室。

维护好与客户的关系是销售的常识，可是很多技术出身的销售始终抵触搞关系。对于这种情况，我的建议是，如果不想迎来送往，干脆就别做销售了，销售离不开搞关系。

不懂关系害死人

很多人不善于判断关系，我曾经向一位下属询问其与客户的关系，他沾沾自喜地回答说："很好，我天天泡在客户办公室。"我又询问另外一位，他回答："巧了，我们两家，老人孩子七八口刚出去自驾了一个周末，晚上一起烧烤，仰望星空了。"两人中谁的客户关系更好？显然，第一位只与客户认识，是最初始的关系阶段，第二位显然达到了更高的私交阶段，如果两人争夺同一个订单，结果不言而喻。如果不能判断出来关系好坏，所托非人，希望寄托于浮萍，往往会竹篮打水一场空。正确判断关系，这对于初级销售人员十分关键。

近代杰出的爱国志士谭嗣同敢于担当，勇于奉献的爱国精神，令世人敬仰。清朝戊戌变法时，谭嗣同向光绪皇帝自告奋勇，试图说服袁世凯发动政变，杀死直隶总督荣禄，囚禁慈禧，推动维新。他得到光绪皇帝首肯，连夜前往天津小站军营。谭嗣同主张变法，向袁世凯慷慨陈词，中国必须变法图新。袁世凯知道他是皇帝眼前的红人，就说道："今闻先生高义，茅塞顿开，袁世凯为变法，愿意追随先生，肝脑涂地在所不惜。"谭嗣同听到这番话，返回北京面见光绪皇帝，拍胸脯保证袁世凯支持变法。谁也没有想到，袁世凯送走谭嗣同，转身就向荣禄告密，导致光绪皇帝被囚禁，戊戌变法失败。袁世凯说得再好听，他和谭嗣同也只是刚刚认识，而和荣禄早就建立了私交和政治同盟。就像很多销售人员，没有打听好客户关系，贸然开始销售，却不知道客户已经有了合作得很好的供应商。

还有很多人只会吃喝玩乐三板斧，花费时间和金钱来堆砌关系，不善于驾驭关系。三板斧时灵时不灵，对某些低级趣味的客户有效，对正经采购的客户毫无用途；基层客户吃这一套，决策者却把吃喝当作了负担，对三板斧毫无兴趣，结果是花费了时间和金钱，客户关系原地踏步。迅速而又顺其自然地推进关系的诀窍是什么？关键就在于兴趣点。

兴趣点和需求

兴趣点是推进客户关系的关键。我做销售时经常邀请客户参加论坛和展会，我有技术背景，注意力主要集中在主讲嘉宾的内容上，我的一位同事则不一样，他会聚精会神地观察第一排 VIP 客户的举动。一位重要客户听了一半，忽然摸了一下口袋，又摸了其他口袋，似乎在找什么东西，然后把注意力转移到内容上。我完全忽略了这个动作，而我的同事看到了，没多久中场休息，他拿出烟和打火机故意从那位客户身边经过，他已经猜到客户刚才是在摸烟或者打火机，向那位客户举起烟，问要不要抽一根。这位客户正在犯烟瘾，就站起来和他一起到室外抽烟，两人在这次论坛上变成了烟友。我的这位同事后来还时不时去找这位客户抽一根，关系越来越好。兴趣点是你不请，客户都要去做的事情，抓住兴趣点就是顺水行舟，自然又舒服，抓不住兴趣点、强行搞关系就是逆水行舟，事倍功半。

客户的兴趣点可以分成两类，一类与采购无关，另一类与采购相关。我们要仔细研究客户的KPI，这是决定他绩效考核结果的关键，影响到每个人的升职加薪，这类兴趣点往往和采购相关，不仅能够推进客户关系，还能帮助我们更好地理解客户需求。

客户也是人，都有七情六欲，每位客户的兴趣点都不一样，有人喜欢钓鱼，有人喜欢打游戏，有人喜欢户外野营，有人兴趣广泛，有人单调枯燥，人人都有兴趣点。从内线掌握客户兴趣点，看似简单，其实并不容易。当年康熙朝九王夺嫡时，八王胤禩结交宦官，打听康熙平常阅读的书籍，找来研究，在朝堂上对答如流。康熙初时极为欣赏，后来起了疑心，发现他私交内宦，打探自己，从此对他憎恶起来，认为他居心不良。同样的道理，如果我们从内线那里得到了私密的信息并用来推进关系，客户肯定会产生提防之心。寻找兴趣点的关键是观察和提问，看看办公室就能找到蛛丝马迹，在交谈的时候客户的提问通常会体现出他的兴趣点。每次与客户接触之后都应该反复回味、咀嚼其中的言外之意，常可以找到当时忽略的客户兴趣点，这是很好的习惯。

四种关系类型

我们可以从兴趣和需求两个维度来分析，将客户关系分成以下四种类型（如图 3-1 所示）。①既不能满足需求也不能满足兴趣的是局外人，在门口打转，不得其门而入。②能满足兴趣却不能满足需求的是朋友，可以先交朋友再做生意。③能满足需求而不能满足兴趣的是供应商，凭借产品的性价比说话。无论是朋友还是供应商，都不是最稳定的关系，生意必定不长久。如果和客户是朋友，一旦客户的组织机构调整，你很可能出局；如果是供应商，一旦竞争对手拿出类似产品，你就可能被替换。④能同时满足需求和兴趣的是合作伙伴，这才是长久稳定的客户关系。一般来说，需求在办公室谈，兴趣在办公室外满足；需求在台面上，兴趣在台面下；需求上班谈，兴趣下班聊。所以做销售很辛苦，几乎时时都要陪客户。

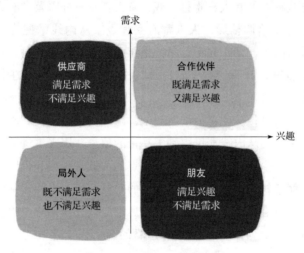

图 3-1　四种客户关系类型

从局外人到客户信赖的合作伙伴需要一个过程，一种方法是先做朋友再做生意，放长线钓大鱼。第二种是先做生意再做朋友，在西方国家比较常见。我在 IBM 工作参加全球的电信论坛时，邀请欧美电信公司的客户来到风景秀丽的圣地亚哥，入住五星级酒店，甚至还用游艇接客户去看 IBM 精心准备的烟花秀。如果想知道美国人是怎么搞关系的，去拉斯维加斯看看就明白了。

兴趣点和需求，无论国内还是国外，无论现在还是未来，都是影响购买的两个重要维度。

团队作战

在大型采购中，一个人难以应付不同客户的兴趣和需求，很多公司会建立矩阵式的组织结构，分工协作，团队作战。比如有些公司的客户经理负责客户关系，晚上在办公室之外做工作；售前工程师负责技术和解决方案，白天在办公室谈需求。华为有"铁三角"，AR（Account Responsible，客户经理）负责客户关系，负责满足兴趣点；SR（System Responsible，方案经理）负责售前支持；FR（Fulfillment Responsible，交付经理）负责售后服务和实施。那种拎着包独自东跑西颠的销售人员，大概只能拿下几十万元或者几百万元的生意，规模更大的项目，就必须依靠团队协作了。团队作战还有其他的益处，尤其在从简单产品销售过渡到整体解决方案销售时，需要更多的技能，也更需要团队的协同。

团队协作为客户带来的感受也很好。IBM 的产品线比较复杂，我拜访客户时常和好几位工程师一起，有时还包括金发碧眼的老外。后来我离开 IBM 加入戴尔，产品简单得多，常常一个人拜访客户。我有一次询问我的老客户："您觉得戴尔和 IBM 有什么区别？"客户回答："你在 IBM 的时候，好几个人西装革履，我一看就知道是做几千万元生意的，现在你在戴尔一个人拎着包就来了，大概几十万元的生意就能把你打发了。"对这个回答，我哭笑不得，团队作战和单打独斗在客户眼中的区别这么大。当然我们也不能片面追求团队作战，如果产品简单，金额不大，利润不高，团队作战既不划算也没必要。

客户购买角色

在复杂购买中，不是一个人就可以完成购买，可是有的销售人员往往盯住一人不放，有经验的销售人员则会先找出所有与采购相关的客户，分析他们在采购中的作用，再有的放矢地推进关系的发展。我们应该先了解客户的组织结构，再了解他们的个人信息，比如家乡、家庭、教育背景等，这些都依赖于客户资料的收集。要建立信赖关系，必须先收集资料。

客户的购买角色

收集客户资料是为了全面详尽地掌握客户的情况，做到知己知彼。资料分成两种：第一种是关于采购的，包括客户的现状和经营目标，用来分析客户痛点，激发需求，这部分留在下一章详谈；第二种就是关于人的，这便是客户购买角色的资料，这是销售的基本功了，不用赘述。

无论是大型的复杂采购还是小金额的简单交易，客户都扮演着不同的角色，可以分成发起者、决策者、设计者、评估者四类，分别在采购的不同阶段起到关键作用，并且关心不同的购买要素。

发起者：意识到痛点并深受痛点影响的人，往往出现在产品的使用部门。

决策者：决定是否采购、采购时间和预算，并做出最终采购决定，往往处于客户组织结构的高层。

设计者：规划和设计采购方案和购买指标的人，常由技术部门负责。

评估者：进行货比三家的人，评估潜在供应商的优缺点，并向决策者提出购买建议，常由多人组成，包括使用者、技术部门和采购部门。

购买角色与客户的采购周期存在着密切的关系。发起者在发现需求阶段起到主导作用；决策者在立项阶段决定是否购买并在购买承诺阶段做出购买决定；设计者在设计购买指标阶段发挥作用；评估者在货比三家阶段评估潜在供应商。这四者结合就是购买的天时（购买周期）、地利（购买要素）、人和（购买角色）。对于这四者，我们需要采取不同的销售技巧。客户的购买角色和对应的销售技巧见表3-1。例如，泰康人寿提供企业寿险服务，销售人员往往会抓住企业内部将要退休的有迫切而强烈的保险需求的员工，他们是寿险业务的发起者和抓手，在他们的穿针引线下，销售才能不断发展，如果从企业采购部门和人力资源部门入手，难度极大。

表 3-1　客户的购买角色和对应的销售技巧

购买角色	购买周期	购买要素	销售技巧
发起者	发现需求	痛点	顾问式销售技巧（SPIN）
	实施和使用	满意度	
决策者	立项（预算和购买时间）	投资回报率	决策者拜访技巧
	购买承诺	购买风险	促成成交技巧和谈判技巧
设计者	设计购买指标	购买指标	引导指标的技巧 销售演讲技巧
评估者	货比三家	优缺点	屏蔽对手的技巧

在小型采购中，四种购买角色很可能重叠，一个人可能扮演多个角色，我们要根据购买周期决定应该使用的销售方法和技巧。区分购买角色十分重要，能确保我们在正确的阶段使用正确的销售技巧进行沟通。在找出这四类购买角色之后，就需要分别与之建立关系，他们的年龄、家乡、家庭、教育背景和经历当然特别重要，都必须详尽地掌握，但是最关键的是了解他们的个性，这样才能找到与其打交道的方式。

客户性格类型

每个客户都不一样

人和人之间的差异巨大，必须针对不同客户采取不同的沟通方式。我作为技术工程师转行销售，能够签下来的合同，客户大多也是有技术背景的，没有技术背景的客户，我就很难应付。我曾经试图让自己外向一些，强迫自己陪客户去喝酒、唱歌，结果自己痛苦，客户觉得别扭，变成了"邯郸学步"。

与不同类型的客户打交道是一个巨大的难题，我们甚至无法区分众多类型的客户，年长的和年轻的不一样，男的和女的不一样，搞技术的和搞管理的不一样，南方人和北方人不一样，即使同样是南方人，广东人和上海人又是天差地别。按照年龄、性别、技术背景、地域来划分客户并不精准，怎么样才能快速分辨，并采取正确的做法，是困扰了我很久的问题。

每个销售都不一样

更重要的是，很多人对自身懵懂无知，不知道自己的性格类型和风格。有人想当然地认为销售就是请客吃饭，这当然没错，但是面对技术型客户却会遇到麻烦。我刚做销售的时候，模仿别人陪客户应酬，打麻将、喝酒，可是我天生不喜欢，不得不勉为其难地继续应酬。后来我干脆放弃无聊的应酬，先做供应商，再慢慢相处，缓慢和持久地建立关系，争取做到踏实靠谱。到现在为止，我们甚至不用主动销售，很多生意都来自老客户。

性格很难改变，很多年轻的销售试图模仿别人的套路，画虎不成反类犬，只有在实践中慢慢认识自己，知道自己的优势和缺陷并接受它们，才能发展出独特的套路。要想成为灵活多变的销售人员，就要先了解自己，再了解客户，才能找到恰当的沟通方式。绝不是外向的人就适合销售，我曾经认识一位说话结巴的代理商老总，生意做得特别好，道理也很简单，夸夸其谈的销售早就过时了，善于倾听和观察并踏踏实实跟进才是好销售的基本素质。

在寻找自己和客户的沟通风格的时候，通常要用到一些性格分析工具。我接触过很多性格分析的方法和工具，常用的方法有三种：在中小企业极为流行的九型人格（九种性格类型）性格测试，在跨国公司中普遍接受的MBTI（16种性格类型）性格测试，以及PDP（五种性格类型）性格测试。这三种方法在性格分析方面各有利弊，在销售方面，由于在与客户见面的一刹那就要做出判断，我比较青睐最简单易用的PDP性格测试。

PDP 性格测试的性格划分维度

PDP 性格测试从两个维度来判断性格，第一个维度是外向 /
内向，或者感性 / 理性。一般来说，内向和理性的客户做出采购
决定的主要依据是技术、产品和方案，应该在办公室里做深入沟
通。这类客户能够从外表判断出来，他们穿着简单，没有太多佩
饰。外向和感性的客户更多根据人而非产品来做出购买决定，他
们要找到靠谱的人来提供产品和服务，尤其是在产品同质化严重
的情况下，我们不仅要在办公室里与他们接触，还应该在 8 小时
之外把他们请到办公室外面，先交朋友再做生意。感性客户的外
表特点也很明显，他们发型精致，尤其女性客户常常烫发和染
发，佩戴较多佩饰，服饰多姿多彩。

判断性格的第二个维度是强势 / 随和，这稍微难一些，需要
通过简单的沟通来进行判断。强势的客户喜欢提问，大声说话、
充满活力、直截了当，喜欢支配和影响他人，快速和积极，健谈
并具有煽动性，喜欢决策，往往是团队中的领袖。随和的用户安
静平稳，喜欢倾听，深思熟虑，显得谨慎，常常委婉和被动地请
求，善于妥协和放弃。初见客户时应该养成判断客户类型的习
惯，偷偷问自己两个问题：他是外向还是内向？强势还是随和？
根据这两个维度，我们可以将客户分成四种类型。

四种客户类型

根据性格的两个维度可以将客户分成四种类型：外向强势的
孔雀、外向随和的考拉、内向强势的老虎、内向随和的猫头鹰
（如图 3-2 所示）。PDP 性格测试中还有第五类角色——变色龙，
他们具备分裂特质，能够在几种类型中变化，难以在短时间判断

出来，我常常放弃这种类型，只区分上述两个维度和四种类型。

图 3-2 四种客户性格类型

"孔雀"喜欢让人眼前一亮的功能和受尊崇的感觉，他们常出现在客户的市场和销售岗位，不喜欢在办公室中研讨和沟通，应在娱乐活动中推动关系发展。请他们吃饭一定要预订包间，按照 VIP 规格接待，以显示出他们的尊贵身份。他们喜欢刺激的运动，比如打牌和蹦极等。如果买车，他们会更喜欢个性鲜明、色彩鲜艳的跑车。我有一位朋友是"孔雀"，他后备箱常多放一套衣服和一罐发胶，从一个场合去另一个场合，换了衣服，打开后备箱用发胶一喷，立即就能换一个发型。我曾和他一起搭乘航班，大家都排队登机，他偏偏不动，直到机场广播两次，通知我们尽快登机时，他才慢悠悠地走到登机口。我不解其意，他仿佛传授天机一般向我说道："虹桥机场每天几十万人出港，广播两次，我的名字被每个人听到，我一年坐几十次飞机，日积月累，滴水穿石，铁杵也能磨成针，我一定能声名鹊起。"我实在不理解他这种做法，只能说人和人不一样。

"考拉"喜欢尝试和接触，他们友好热情、乐于助人、注重他人感受、善于聆听，他们喜欢唱歌、跳舞和聚餐等活动。他们往往是助理和秘书，倾向于采购安全和稳定的产品，是很好的内线，但不要在他们身上花费过多的精力和销售费用，因为他们很难坚持自己的想法。如果买车，他们大概喜欢 Polo、MiniCooper 这样的舒适又没有压迫感的汽车。

"老虎"高效精确，注重投资回报率，注重实际效果，不愿意浪费时间，往往出现在客户组织结构中的中高层。他们往往喜欢健身房跑步等较小范围的运动，他们会购买奔驰、宝马这样高大上的汽车。

"猫头鹰"重视事实，喜欢计划和思考，有自控能力，谨慎，较少有肢体语言和接触，不善于感受外界，显得严肃和冷漠。他们注重数字、逻辑和详尽的产品描述，喜欢围棋、电子游戏等个体活动，他们常出现在客户的技术和研发部门，注重性价比，买车往往选择帕萨特、凯美瑞等性价比有优势的汽车。

我属于猫头鹰类型，在我看来，最难相处并且难打交道的就是孔雀类型，我还因此输过好几个订单。后来我渐渐学乖了，不再挑战自己的个性，也不挑战客户的个性，按照自己的本性与客户交往，孔雀类型的客户也能感受到我的专业和责任心。如果这样还搞不定孔雀类型的客户的话，就请同事或者代理商来做工作，没人可以面面俱到。如果仍然做不通，我就想办法绕过这个人，通过其他人，仍然有机会拿到订单。

对客户性格的认知过程

我们对客户的判断可能并不精准，我曾遇到一位客户穿着亮眼衬衣，以为他是外向型，接触后感觉越来越不对，他明明是个"技术宅"。后来才知道花衬衣是他女朋友买的，他的衬衣代表着他女朋友的个性。此外，年纪越长，性格特征通常越不明显，维度也更加复杂，越难看透。性格远远不止外向／内向、强势／随和这两个维度，将客户分成四种类型是非常笼统的做法，当我们有了初步判断之后，还要在接触过程中慢慢修正，不能作茧自缚，故步自封。

每位客户的个性也不是绝对的，比如我测试性格时，理性特征得分很高，却处于强势和随和之间，因此我在做销售主管时显示出"老虎"的个性，但是离开销售岗位就回归了"猫头鹰"的个性。这四种客户类型只是粗略的划分，绝不是一成不变的套路。定位客户购买角色，分析性格类型，寻找到兴趣点之后便可以自然而然地推进客户关系发展了。

客户关系阶段

我在 A 公司做咨询项目的时候，听到过一个真实的故事。有位刘姓销售员，他几年前服务于四川移动，其想要攻克的客户一直使用摩托罗拉的产品。他在省通信大楼里泡了几个月，上上下下都认识了，却一直没有突破。那时 A 公司的无线基站刚刚研制出来，而摩托罗拉的产品已经用了十年，可靠稳定，A 公司的销售难度很大。

他多次拜访省公司领导，领导给他出了一个主意："基站都用在分公司，你不如到下面做做工作，打开突破口。"他觉得这位领导可能在踢皮球，却不能驳了领导面子，同意下去跑，但向领导提出一个要求，能不能帮他打个招呼。领导勉为其难打了几个电话。刘销售员离开成都在全省跑起来，由于有省公司领导打招呼，一位市级客户甚至直接把车开进车站迎接，他们吃吃喝喝，很快就打成一片，但一提采购，分公司就说："我们虽然直接采购，但是上面领导不开口，我们很难选择你们。你还是先取得省公司认可，通过选型，我们这里才好办。"

他借酒诉起苦来："省公司让我在下面跑，你们又让我去做省公司工作，而且我也没听说有选型，您怕不是忽悠我？"

客户回答："没做选型是因为今年扩容为主，仍然在摩托罗拉和爱立信这两家中选。"

这位销售感到大事不妙，立即说道："我是没办法了，估计今年年底做不出业绩，也就辞职回家了，咱们就痛痛快快喝一顿吧，当给我送行。"

客户很同情他，给了他一个建议："下个月我们在都江堰有个全省工作会议，不如趁这个机会上下一起做工作。你和省公司谈谈，在文件袋里放些产品资料，就等于省公司认可了你们，或者你们干脆赞助些，让你们在会上发个言，这样也行。"

销售员很兴奋，回到省里要求赞助工作会议并介绍一下 A 公司，不成想省公司领导拒绝了，说是没这个先例。他继续做客户工作："那您在会上提提我们行不行？"

省公司领导又拒绝了，工作会议谈网络升级，谈 A 公司有难度。他正在为难之际，省公司领导给了一个建议："我们不能提，但是地市分公司可以啊。"

这位销售顿觉柳暗花明，说道："如果分公司提了我们公司，您得附和几句。"省公司领导笑而不语。

他又跑到熟悉的分公司，转述了省公司领导的话，分公司领导一脸为难："我又没用过你们的产品，怎么好开口提你们？"

这位销售眼珠一转说："您用过摩托罗拉吧，提摩托罗拉总行吧？"

分公司领导不明就里："我提摩托罗拉干吗？"

这位销售附耳过来，如此这般地出了一个主意。地市公司要做总结，肯定要提到摩托罗拉，于是分公司领导立即点头就答应了。工作会议召开，要布置网络升级改造，省公司领导的讲话不偏不倚，哪个厂家都没提。接着是分公司轮流发言，轮到这家分公司的时候，分公司领导先说了成绩，话音一转说："我上个月去北京开会，和湖北省公司的一位领导住在一个房间，聊了很久，很有感触。我们组网也存在不少问题，不知道在工作会议上该不该讲。"

省公司领导说道："畅所欲言，言者无罪。"分公司领导继续说："邻省七国八制，大城市用进口设备，乡镇和农村用国产设备，用国产设备杀进口设备的价格，我打听了一下，咱们采购摩托罗拉的产品数量远超湖北，价格却比人家贵不少，咱们怕不是吃亏了？"

这"一炮"放出来，参会者面面相觑，沉默不语，都等着省公司领导发言。省公司领导说道："这位同志的敬业精神值得我们学习，在北京不忘家里的工作，值得肯定啊！来，给些掌声。企业都是要赚钱的，跨国公司也不例外，我们必须坚持货比三家的原则，不能当了冤大头！"

这段话等于给采购定下了基调，分公司领导们听出了风向，既然货比三家，总不能在摩托罗拉和爱立信两家选吧？在分组讨论的时候，在支持 A 公司的几位分公司领导的努力下，最终采购被分拆成核心城市和农村两个包，用国产设备压进口设备的价格。

　　这位销售分到了 8000 万元的订单，他用了几年时间把四川市场做起来，被公司调到了西亚市场，西装革履去见客户，但人家根本不搭理这张东方面孔。他痛定思痛，苦思冥想，一个多月没去见客户，重点是蓄了胡子，改头换面，再去见客户时身穿阿拉伯长袍，活脱脱本地人形象。功夫不负有心人，他和客户打成了一片，又拿下了当地市场，公司又把他派到了北美，他也能很好地适应当地市场。通过这个真实的案例，我们能够学到什么？

关系的四个阶段

　　客户关系可以分成四个阶段：认识、互动、私交和同盟（如图 3-3 所示）。

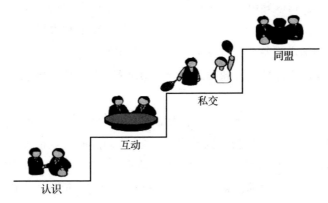

图 3-3　客户关系的四个阶段

　　之前提到的 A 公司销售刚到四川时，在省公司通信大楼里泡了几个月与客户认识，这是极为重要的基础。认识是客户关系的第一个阶段，在这个阶段应该在客户那里留下良好的第一印象，以后才能继续和客户打交道。这就像相亲一样，如果有好印象，继续约会，如果没有可能，相亲对象会借口离开，再也难见一面。第二个阶段是互动，销售员需要围绕客户需求，有来有往，比如拜访、交流、工作餐、参观等，此时客户仍然处于中立的阶段，互动阶段往往发生在客户办公室，时间也在白天的 8 小时之内。这个阶段我们和客户谈的大都是一些可以公开的需求，客户没有任何倾向性。私交是第三个阶段，主要是围绕客户兴趣产生一系列活动，比如运动、旅行、生日聚餐，此时客户明显有了倾向性，他们愿意建立私交，也说明他们认可了这个厂家。在私交阶段，我们和客户见面的地方往往在办公室之外，时间也在下班之后的晚上或者周末和节假日。他们如果肯定不选择我们，一般不会和我们走得过近，只有达到私交阶段，他们才会真的支持我们，愿意帮助我们，愿意透露有关工作的私密信息。认识、互动和私交是我们推进关系的步骤，却非目标，我们希望驾驭关系。销售不是请客吃饭，而是要为我所用，这就需要建立同盟并善于运用，这就是关系发展的第四个阶段。在同盟阶段，我们与客户达成共识，客户愿意协助我们夺取订单，我们帮助他们解决问题。

在 A 公司的案例中，这位销售不断推进关系，"小步快跑，小火慢炖"，从认识到渐渐和省公司领导建立良性互动，又在分公司达到私交的阶段。推进关系时不能采取类似三板斧的做法，先吃饭喝酒再唱歌，其实吃喝玩乐都在私交阶段，关系在原地踏步。识别关系阶段，结合客户兴趣点，逐次推进才是高效的做法。销售团队常常注重做关系，却忽略了用关系，这显然是本末倒置，不得不承认销售这个工作很现实，必须用最短的时间拿下订单，不能慢慢交朋友。

同盟虽然也是关系的四个阶段之一，作用完全不同，我们不仅要善于推进关系，更要善于驾驭关系，让客户为我所用。A 公司的刘姓销售员善于利用关系，省公司领导让他到分公司做工作，其实是在给他出谋划策；他请省公司领导打招呼，这对于他在下面的工作有极大的帮助，这是利用影响力穿针引线。同样，分公司提供了工作会议的消息，还为他在关键时刻说了关键的话，虽然不是说 A 公司的好话，却咬死了对手，况且还有省公司领导的附和。在同盟阶段，客户可以为我们提供情报、出谋划策、穿针引线、为我说话。透露情报就是内线，这是我们收集客户资料的最重要的手段。我每年都接触成千上万的销售人员，很多人请我出主意，但我不了解客户情况，常常感到为难。一般这个时候，我都建议找客户内部的人，请他喝杯茶参谋一下，就像在前面这个案例中，无论省公司领导还是分公司领导，都提出了很多有价值的办法。"胳膊拧不过大腿"，我们和客户关系再好，也比不上客户内部的影响力。

在很多购买环节，客户闭门商议，我们不能参与，此时就必须有人为我们说话。为我们说话并不仅仅是说我们的好话，有时候说对竞争对手不利的话可能更加重要。当别人攻击我们的时候，为我们解围就是为我们说话。在大型采购中，有三种人极为重要：说我们好话的人、为我们解围的人、保护我们的人，缺一不可。

关系的拿捏

在推进关系的过程中，我们应该注意力度的拿捏，避免两种倾向：第一种是原地踏步，今天请吃饭，明天请喝茶，浪费资源，客户莫名其妙，这是为做关系而做关系；第二种是速度过快，直接用钱去砸，糖衣炮弹，过于赤裸裸，风气不好。好的销售人员与客户相处时不卑不亢，让客户感觉如沐春风，真正关心客户，注意他们的一言一行，从中发现其兴趣点，"小步快跑，小火慢炖"，有时候反而瓜熟蒂落，水到渠成。在这个过程中，应该避免主观和假设，关心对方应该从仔细倾听和观察开始，而不是自以为是地"撒钱"。毕竟咱们又不是某些"富二代"，买豪华汽车送女友如同买白菜一般，这其实是感情上的短择，不能长久。

第一印象

人生若只如初见

从认识到互动到私交再到同盟，这个过程并不容易。很多人见到客户之后，难以发展关系，客户总是很忙，出差、开会、不在办公室，这些都是借口，根本原因是第一印象欠佳。这就像相亲，如果没有留下良好的第一印象，人家就会找各种理由推脱不见。前面谈到，我在戴尔公司负责培训的时候，很多培训公司的销售人员来拜访我，都被前台拦住，如果有留下不错印象的才会被我请进办公室，否则就会留下资料，尽快打发。我多次自问：到底是什么原因让我见某些销售人员，而拒绝另一些？原因就是第一印象。

清朝诗人纳兰容若有一句诗："人生若只如初见，何事秋风悲画扇。"大意是，如果只留下初见时的惊艳和倾情，那该多好。可见第一印象的重要性。我们总能记得与心爱之人初遇时的样子，同样的道理，我们应该力求在客户面前留下最佳的第一印象。

亮点

通常，销售员初见客户的时候有两个错误的倾向。第一种是过于随意，不精心修饰，掉在人堆里根本识别不出来，难以给客户留下深刻的印象，尤其是从技术转过来的销售人员经常这样。第二种是过于浮夸，爱马仕的腰带、菲拉格慕的皮鞋、巴宝莉的修身衬衣，头发根根锃亮，过于高调而不专业，亮点过多，却没有表达出有价值的信息。

我们应该向客户展示专业形象：总体低调却有亮点，如同我们看医生，与职业无关的亮点毫无必要。我在见客户时，喜欢背一个途明品牌的双肩背包，这种背包在咨询行业比较流行，反映出我内心中工程师的情结。坐下时取出质地极佳的记事本摊在面前，用来记录客户的需求和兴趣点。然后我会拿出两支笔，一支是万宝龙，另一支是真正记录用的凌美笔。背包、记事本和笔都是与销售相关的东西，顺理成章地摆在客户面前，它们才是能体现职业特点的奢侈品。

贴标签

见客户时的自我介绍也是一个难得的留下良好印象的机会。我会这样介绍自己："很高兴认识您，我是付遥，曾服务于 IBM 和戴尔，有 20 年的销售领域的研究和咨询经验，曾经为华为、惠普等企业提供过销售咨询。"在这短短一句话中，我给自己贴了三个标签：IBM 和戴尔的工作经历，20 年的咨询经验，曾经为华为和惠普提供过服务。销售人员应该在自我介绍中用一句话将自己最辉煌的职业经历和成就讲述出来，让客户记住。如果自己实在太年轻，真的没有值得称道的内容，那么就将自己公司的成就介绍出来，比如，有一家建筑设计企业的销售员向客户做自我介绍的标准话术是："您好，我来自某某公司，我们为奥运场馆水立方提供了整体设计。"可以想象，如果对方需要运动场馆的设计，肯定会对你们公司充满敬意，愿意和你聊聊。

目光和肢体语言

有人让人如沐春风，有人让人如同嚼蜡，见面三分钟固然可以建立良好的第一印象，但相处愉快才能保持住得来不易的成果。我前几年前往美国参加培训和咨询行业的论坛，有个题目吸引了我的注意，一位哈佛教授出版了关于第一印象的专业书籍，其理论被应用于销售行业，取得了极佳的效果。他认为，第一印象是感觉，绝不是外表那么简单，还包括更深刻的内容。目光、笑容、声音和肢体语言，都直接影响到第一印象。

专业性

一些销售人员善于做关系，却对专业知识一知半解，客户愿意和他一起玩儿，适当地甩给他一些小生意，却不认为他能够提供更高的价值，他们就像中看不中用的花瓶。我们在建立第一印象的同时，应该保持足够的专业度，让客户在与我们的交往中获得源源不断的营养。专业性大概可以分成四个层级：最初级是了解产品，和客户沟通时只能介绍产品；第二个层级是能够理解和懂得绝大多数客户的痛点，善于询问客户的业务并给出解决方案；第三个层级是理解客户行业的未来趋势，能够为客户指明方向；第四个层级是行业公认的专家，参与产品或者方案的设计，得到行业内的认可。对于普通销售顾问，专业度很难做到第四个层级，但是至少应该达到第二个层级。

氛围和情绪

保持良好第一印象的关键在于氛围，甚至我们和客户谈了什么都不如氛围重要。氛围好，客户愿意说的就会更多；氛围不好，客户就会结束见面。氛围由两个人的情绪共同组成，我们要具备极高的情商才能不断升温第一印象，这种氛围的营造会让身处其中的人如同品味佳酿，越品越有味道。既然情绪是人们对外界刺激的反应，当拜访客户的时候，我们就是重要的外界刺激，所以客户的烦躁和愤怒也常由我们引起，我们不断推销而过于急功近利、言过其实，都会引起客户的负面情绪。我们应该时时观察，注意客户的肢体语言和表情，一旦发现负面情绪，就应该做出调整，将客户的情绪引导成好奇和兴奋，甚至敬佩，否则客户就会中断这次沟通。我曾参加过情绪管理的课程，它对我助益极大，提高情商始终是提升销售能力的不二法门。

发挥同盟作用

穿针引线

同盟者为我们提供情报或者出谋划策时就是内线，就像我们进入黑漆漆的房间时会先打开电灯，而不是在黑暗中摸索，也像我们登山时会拿着路书，避免迷路。这是销售最基本的道理，人人都知道。

穿针引线的作用更大，一位销售人员曾有位老客户，数年没有见面，后调到另外一个公司当一把手。这位销售人员恰巧有个订单，受到中层领导的抵触，进展缓慢。他寄希望于找到这位老领导，请他出手帮忙，却不确定这位领导还认不认自己这个老朋友。他只好前去拜访，这位领导态度很好，问长问短，就是不谈项目，即便该销售人员谈到，他也把话题岔开，顾左右而言他，让这位销售人员很失望。马上就是中午了，他想请这位领导吃顿午饭，再做做工作，被领导摆手拒绝，说公司食堂伙食不错，提议食堂吃一顿。

这位销售人员有些郁闷，无奈只好跟着这位领导去食堂排队。到了窗口，领导亲自拿起勺子为他打了狮子头、一条红烧鱼和一份蔬菜。两人端着盘子没有去领导专用的包间，而在普通员工的餐厅吃饭。领导把几个菜拿出来，俩人你一筷子我一筷子从同一个盘子里夹菜，这一切当然被员工们看在眼里。午餐结束，领导出来摆摆手说再见："我还有会，不送你了。"

这简单的午餐有没有效果？当这位销售人员怀着忐忑不安的心情再去见客户的中层时，发现对方态度大变，热情招待。他们从领导的举动中显然品出了浓厚的味道，和领导同一个盘子夹菜的人意味着什么？这个订单不大，一把手如果过问，插手采购，影响不好，只是摆了个姿态，这位销售人员就拿到了订单。前提是领导和他合作过，知道他的产品是好的。这就是客户之间的影响力，简简单单在一个盘子里夹菜，就胜过千言万语。

为我说话

在大型采购中，客户在做采购决定时往往会把销售人员请出去，闭门商议，销售人员在这种场合大概率是没有发言权的，顶多客户在遇到分歧时会把销售人员请进来答疑然后再请出门。而且销售人员喜欢长篇大论，系统地介绍自己的优势和益处，说不到点子上。一个好汉三个帮，一个篱笆三个桩。因此想要拿下订单就必须在客户内部找到支持者，让他们各自站在自己的立场上为你说话，形成合理的分工和配合，有人为我们说好话，有人说对竞争对手不利的话，还有人保护你。就像Ａ公司的案例中，那位分公司的领导没有说好话，却讲了竞争对手价格高的缺点，根本没有提及Ａ公司。省公司领导说，我们要坚持货比三家的原则，只找两家外企作为备选，显然违反这个原则。每句话都没有提到Ａ公司，但每句话却都在为Ａ公司帮忙。

客户关系发展表

价值竞争的销售方法论中，有六张关键的表格，即客户关系发展表、痛点影响表、投资回报率分析表、购买标准表、竞争分析表、缓解购买顾虑和促成成交表（后面将详细解释其他几张表格），将销售方法论的内容落地。在我们的课堂培训中，会通过预习视频让学员们掌握知识，在课堂上让学员们结合客户和产品完成六个表格，再通过答辩的方式请主管检查。这六张表格可以将方法论和实践相结合，指导我们的销售工作。可以通过反复针对不同销售项目的演练，养成行为习惯，确保真正地掌握这些方法。六张表格还可以用于销售例会、内部沟通和辅导，既利于团队作战，又利于上下配合，有助于形成企业共同的销售方法和语言。

要完成这些表格，既需要了解客户信息，又需要了解产品特性，这就是理论与实践相结合的过程。通过六张表格建立的模板，可以产生企业独特的销售方法论，形成套路，在实践中不断完善和进步。因此，书中的表格具有极为关键的作用，销售方法论就落实到了这六张表格之中。下表是客户关系发展表（见表3-2）。对于小型项目，可以在大脑中思考和判断一下；如果是需要团队协作的大型项目，就要将这个表格画出来，一起分析探讨，找出推进关系发展的具体路径和计划。

表 3-2　客户关系发展表

购买角色	姓名	部门	性格类型	兴趣点	关系阶段	行动计划
发起者						
决策者						
设计者						
评估者						

表3-2以购买角色为索引，可以帮助我们识别出全部和采购相关的角色。性格类型指的是老虎、猫头鹰、考拉和孔雀四类，有助于我们分析客户的个性。关系阶段指的就是认识、互动、私交和同盟四个层级。有了这张表格，我们可以一目了然掌握客户关系的状况。这张表格不仅是自我检查的工具，也是主管辅导下属的参考。当我们与客户建立信赖关系之后，就需要激发并满足客户需求，这才是生意的核心。

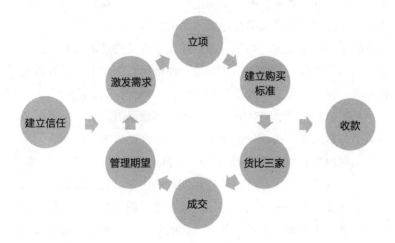

第四章

激发需求

鸡生蛋，还是蛋生鸡？这是一个著名的悖论。

同样的问题是：先有需求还是先有产品？再如原始人吃烤肉，是因为饥肠辘辘，他们主动生火，还是因为森林大火，动物被烧死，恰巧一块烤肉摆在原始人面前？这个问题很难回答。在现代商业中也是如此，一部分客户发现了自己的需求，来到超市或者在网上订购产品，会不会有另一种情况：客户本来没有强烈的需求，看了广告，与销售人员沟通之后才产生了需求？

我曾带着儿子去北戴河度假，选择那里是因为有一家很有名的地中海俱乐部。我原先根本没有购买房产的需求，但是我开车进入园区时发现这个俱乐部是在一个很大的旅游房产之中。哦，这里不仅有酒店，还有可以居住和度假的房子。我在酒店办了入住，前往客房的时候看到了一个房地产项目的展厅，我走进去和销售人员聊了起来，产生了若有若无的需求。后来几天我们海里游泳，海边散步，去看著名的礼堂和图书馆，渐渐喜欢上这个氛围。直到最后一天台风袭来，风雨大作，我在房间里百无聊赖，试着打电话给销售人员，询问今天能不能看房。得到肯定的答复之后，我去看了正在销售的楼盘，越看越喜欢，这是我很长时间以来的梦想：在海边有一套不错的房，闲时可以度假和写字。我立即做出决定，于是度假之旅变成了购房之旅。

消费者的需求来自生活的梦想，这是由来已久，扎根在心底的，不一定会变成对某种产品的需求，只有当那个产品出现在你面前的时候，你才会发现这可能就是你想要的。需求和产品就像左右脚轮流踏地才能完成这次购买。在大多数时候，客户对日常的生活习以为常，没有意识到需求的存在，需要与专业的销售顾问沟通后，才能找到需求的本质，确定解决方案。在价值竞争销售方法中，销售人员应该帮助客户发现需求，而不仅仅是简单地了解客户需求。

成为对客户有价值的顾问

既然需求是购买的核心，那么就必须回答一个问题：谁更了解需求，客户还是销售人员？这个问题的答案直接影响到我们和客户沟通的方式。如果我们认为客户更了解需求，销售人员的重点将会转向对需求的挖掘和理解，我们常会这样提问：

销售人员："您想看看什么手机（或电脑、家具、汽车、房产）？"

销售人员："哦，您想看屏幕大的（或结实耐用的、省油）？多大才能满足您的要求？"

销售人员："您为什么要这么大的屏幕（或省油、结实）？"

销售人员："明白了，除此之外您还有其他要求吗？"

销售人员："嗯，您的要求是……我理解正确吗？您还有补充吗？"

如果客户更懂需求，我们就要等待客户产生需求后再去销售，这是"打猎"。如果是我们更懂需求，就应该在客户发现需求之前介入，告诉他们哪些问题需要解决，这是"耕种"。很多人自然而然地认为客户更了解需求，比如购买汽车，只有客户自己知道自己对外观、安全、空间的要求；购买电脑时，只有客户自己知道自己想用电脑来做什么。苹果创始人乔布斯却认为：客户根本不了解自己的需求，他们只知道表面、模糊、笼统和矛盾的需求。比如，客户要求手机好看，什么是好看？塑料外壳好看还是金属外壳好看？白色、粉色和黑色，哪个更好看？客户常常不知道。客户希望手机轻薄，又要求电池电量能够支撑两天，这两点是矛盾的，手机轻薄了，电池容量就会受到限制。当我们追问客户，认为轻薄和电池容量哪个更重要的时候，客户常常是一脸不解。

曾经有记者询问乔布斯："苹果什么时候发布上网本？"这是 2010 年左右的概念，厂家制造出屏幕更小，芯片功能不需要太强，只要能够浏览网站就可以的上网本，价格可以压到三四千元，要比当时的主流商用笔记本电脑便宜不少。这个概念当时极为流行，全球那时每年都会卖出数千万台上网本，可是苹果一直没有这样的产品，所以记者才有此问。

乔布斯回答："我们不会生产上网本，这是一个错误的概念和一个错误的产品。"

记者很不理解："每年有数千万的消费者购买上网本，您怎么能说这是错误的产品呢？难道客户对上网本的需求是错的吗？"

乔布斯举例回答："如果亨利·福特在发明汽车之前询问客户对汽车的需求，他们能说出来吗？他们只会要求更快速和舒适的马车。"

记者一脸懵，文章发表之后，很多人认为乔布斯太狂了，竟然否定了客户真金白银购买的产品。事实上，乔布斯率领研发团队悄悄开发了 iPad，到了今天，上网本几乎销声匿迹了，而 iPad 却势不可当。在乔布斯看来，厂家应该更懂客户需求，而非客户自身更懂自己的需求。如果这个假设成立，我们就应该用另外一种沟通方式：

销售人员："好久未见，最近怎么样？"

销售人员："最近生产怎么样？成本高吗？能够满足市场需求吗？"

销售人员："如果产品不能推陈出新，对您的企业有什么影响？影响严重吗？"

销售人员："既然存在问题，您觉得应该怎么解决呢？"

销售人员："嗯，其实针对您的需求，有三种不同的思路可以考虑。"

谁更懂客户

上述两种沟通方式，哪一种更好一些？这是个仁者见仁、智者见智的问题，没有绝对正确的答案，两种方式都十分重要，互为补充，而不是非此即彼。正确答案是：我们和客户各掌握一部分需求，有时我们懂得更多，有时客户懂得更多。如果我们能够比客户懂得多些，就对客户更有价值，还有机会在客户采购的早期介入。这就像病人看医生，病人知道自己哪里不舒服以及最近吃了什么、喝了什么，表现出来就是症状。医生通过诊断和检查，掌握更深层的症结，判别出是急性阑尾炎还是胃炎。他们还懂得疾病形成的病理，并能够提供治疗方案。由于病人承认医生懂得更多，一般不会质疑医生的处方和治疗方案，也不会质疑价格。病人其实还是有选择的，当他们自认为懂得病情的时候，或者已经在医院看过，知道怎么用药，感冒时就会去药店买一盒几十块钱的感冒发烧药。药店属于典型的产品销售，而非医院的解决方案销售。

我们应该成为客户信赖的顾问，而非推销员，这才能体现出我们的价值。

成为客户信赖的顾问

我在 IBM 工作时，中国电信行业正在大发展，如饥似渴地吸收着国外的先进管理方法。IBM 在电信行业深耕数十年，为世界各大主要的电信运营商提供服务，当时刚发展起来的中国电信运营商急于借助 IBM 的经验和技术更新换代。IBM 甚至从澳大利亚电信公司派来一位有经验的顾问，带着客户到全球各地参观电信运营商，参观英国电信公司和澳大利亚电信公司，制订计费规划。这位专家已经到了退休的年纪，一辈子都在澳大利亚电信公司负责计费系统的管理。他和中国的专家们相见恨晚，在计费领域有很多共同语言，中国人很好客，带着他逛胡同，吃烤鸭，看故宫，登长城。在双方的共同努力下，中国电信运营商的计费系统弯道超车，用了两三年时间就跳跃式地走过了西方国家三十年的发展道路。

IBM 不是慈善家，而是商业机构，客户投桃报李，每年都购买上亿美元的 IBM 超级计算机。一晃十年过去，中国电信运营商充分掌握了这些技术，开始对各厂家一视同仁，开始采用集中招投标方式采购，一碗水端平，请每个厂家做非常简短的产品和方案介绍。中国电信运营商甚至发现，他们用了 IBM 的产品十几年，比销售队伍懂得还要多。当客户比我们懂得更多的时候，销售的价值降低了，客户可以独自完成招投标文件、集中采购，IBM 不得不开始打折销售。后来，随着新技术的涌现，IBM 的超级服务器被开源的低价产品替代，如今几乎已经退出了市场。

我们和客户对需求的理解类似于蛙跳，当我们不断创新，解决客户未知的需求时，拿出新技术和新产品就能为客户创造价值，并从中分利；如果我们只会提供同质化的产品，客户就得不到新的价值，便只能在性价比上竞争。尽管我们和客户都掌握一部分需求，但仍然应该争取比客户懂得更多一些，这意味着我们要做到以下几个方面。

比客户更早地发现需求

在很多时候，客户会感觉到某种不满或者看到一些症状，却还不清楚真正的原因和症结所在。比如很多客户采用传统照明技术，没有感觉到有节能的需求，习以为常地支付电费。当灯具厂家推出 LED 的产品，数十瓦的灯泡被几瓦的 LED 技术取代时，厂家开始介绍 LED 技术，帮助客户意识到节能需求的存在，培养出客户需求，处于主动地位。客户到底有没有节能需求？一直都有，但是之前无力解决。

比客户更广泛地发现需求

客户常感到有某种需求，却不能完整全面地掌握全部需求。比如因结婚买房，客户注意到他有改善住房条件的需求，却没有注意到或许几年之后会有两个孩子，没有意识到对户型和附近教育设施的配套的需求。销售应该帮助客户找到更广泛的需求，为客户创造价值。这是非常普遍的情况，客户常因为一个痛点而发起采购，但是他们可能存在多个痛点，就拿最简单的洗发露为例，头发脏了我们会去清洗，但是宝洁几十年如一日地告诉我们，我们还有头皮屑、掉发、脱发的痛点。解决单一痛点还是解决多个痛点，这是产品销售和解决方案销售的主要区别。

懂得客户更深层的需求

我们肚子痛去看医生的时候，医生会开单子让我们去化验，当我们拿着化验单去看医生，医生兴奋地告诉我们："你的毛病找到了！"当病人询问病情到底是什么时，医生告诉他："你的问题就是肚子痛！"病人的感受是什么？会不会觉得医生疯了？医生似乎没错，毛病的确是肚子痛。再仔细想想，病人看医生其实期望得到更深层次的病因，因为医生诊断的水平应该比我们高。

正大集团是领先的饲料企业，其发现养殖户饲养的猪毛皮不光亮、吃饲料长肉慢、料肉比高，但这都是表层问题。当其深入研究的时候发现，养殖户采用小麦饲料，运输和存储过程中饲料营养流失才导致了这些问题。养殖户是养殖专家，却不是饲料营养专家，所以当正大集团发现问题的时候，就用玉米饲料替代了原先使用的饲料产品。我们常要多问一些为什么，找到客户没有看到的深层原因，以显示我们的专业性，当我们能够说清楚痛点根源的时候，就得到了客户的信任。我们还要帮助客户分析痛点带来的影响，比如养殖户知道吃饲料不长肉的问题，却不知道这个问题的影响有多大。正大集团通过养殖户的对比，可以分析出来，一头猪少长肉 25 千克，每千克猪肉市价 22 元，500头损失达到 27.5 万元。养殖户大吃一惊，这才意识到问题的严重性。

不仅懂得需求，还能提供解决方案

客户即使知道需求，也常无能为力。就像吃饭，顾客知道自己的口味，有时却无法做出自己想吃的饭菜；也像装修房间，顾客可以提出装修风格和细节，却不能施工和设计，需要设计师将想法变成效果图，按照效果图施工，还要具备专业的能力，将建筑、水电、电梯、空调、照明毫无疏漏地集成在一起。善于向客户提供全面和完整的解决方案，而不仅仅是推销产品，这才是客户需要的销售顾问。帮助客户发现需求如此重要，就像播种后才能发芽和收割，那么，什么是需求？怎样帮助客户发现需求？

什么是需求

一位老太太来到菜市场买水果，第一个小贩打招呼询问需求，老太太要买李子，他立即推销说自己的李子又大又甜。老太太摇头走了，遇到第二个小贩，小贩知道她要买李子之后，继续询问："您要什么样的李子？我这儿有好几种，进口的、国产的，酸的、甜的。"老太太要酸点儿的，小贩好奇："别人都要又大又甜的，您为什么要酸的？"老太太说儿媳妇怀孕了，想吃酸的。小贩："恭喜您，要抱孙子了。"又问她知不知道孕妇需要什么营养，并告诉她一定要为儿媳妇补充维生素。小贩又问："您知道哪种水果维生素最丰富吗？猕猴桃啊，每天补充一个，您孙子肯定健健康康。"老太太很高兴，买了李子又买了猕猴桃。

需求的结构

以上案例说明了什么是需求，对于这位老太太来说，买李子只是表面需求，抱孙子才是深层的需求，这是老太太购买的动机和目标；担心儿媳妇营养不良是痛点，这是达成目标的障碍；购买李子开胃是解决方案，李子是解决方案中包含的产品，酸是对产品的具体要求，就是购买标准。这样一个树状结构就是需求（如图 4-1 所示），需求从购买动机渐渐演变到痛点、解决方案、产品和采购指标，客户再经过货比三家，完成购买。在复杂购买中，这个过程可能会持续几个月甚至更长时间。

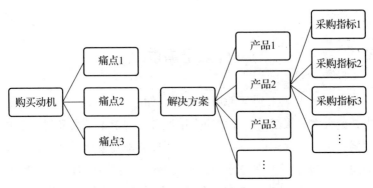

图 4-1 需求结构树状图

在大型采购中，客户的购买动机常来自战略方向，部门级采购动机常来自 KPI（关键绩效指标），导致现状和目标之间的差距的根本原因是痛点。无论个人还是大型机构，客户的痛点往往不止一个，尤其大型机构各个部门之间的痛点常常矛盾，最典型的矛盾来自价格和品质。消费者希望物美价廉，现实却是一分价钱一分货，因此客户常常在品质和价格间纠结，采购部门希望降低预算，使用部门却希望使用高品质的产品。

解决方案往往是整体的，针对大部分痛点的，而不是产品的堆砌，常常需要诊断咨询、设计和服务。我遇到过一些企业要转型到解决方案销售，却没有相应的能力，导致转型失败，比如戴尔和联想都有很多代理商，销售相对简单的台式和笔记本电脑，他们要进行转型升级，却没有客户必需的软件，始终无法构成解决方案。解决方案中还包括五花八门的产品，我的一个 IBM 的老朋友曾经打电话向我询问哪里可以找到马桶盖，我吃惊极了，难道 IBM 现在还卖马桶盖？原来 IBM 承接了一家银行数据中心的建设工程，这是一栋大楼，客户要求楼里配备智能马桶盖，他们只得满足这个要求。

在大型采购中，客户的标书对产品做出了清晰和明确的要求，这就是采购指标。购买动机、痛点、解决方案、产品和采购指标构成了需求的五层次的树状结构。我们一般将客户对产品的要求称为表面需求，这是客户肯定会说出来的需求，厂家必须一一满足。客户的购买动机和痛点是深层需求，这是我们引导购买标准的核心。

善于倾听和提问

推销侧重于说，而顾问式销售侧重提问。上文中的第一个小贩喜欢介绍产品，是典型的以产品为中心的推销；第二个小贩采用了顾问式销售，偏向以客户为中心，善于通过提问来发掘和引导客户需求，再有针对性地介绍产品。提问重要，但倾听更重要，比如老太太要买李子，第一个小贩以为自己听懂了，开始推销又大又甜的李子；第二个小贩没听懂，继续问老太太的需求。倾听是更重要的销售技能，比如客户说："我们最近的确要采购一批设备。"很多人不会倾听，一知半解，就会铸成大错。一批是多少？最近是什么时候？本月还是今年？设备又是指什么？"我们"说明采购并非一个人负责，还有哪些人参与？他们的购买角色是什么？"的确"又是什么意思？

我们不仅要用耳朵倾听内容，还要听出语态、语气和语调的变化，再通过目光观察表情、神态和肢体语言，用心琢磨对方的言外之意。当我们听出客户的痛点时，提问就是使用了赫赫有名的 SPIN 销售法。

顾问式销售

假设在刮风下雨的天气，两栋高层楼房的阳台通过一块木板相连，你在楼这边，对面的阳台里面有 10 万元，爬过去就是你的了，你愿意爬吗？大多数人不会。如果有 200 万元呢？可以在北京郊区支付一套房的首付了，或许有人动心了。如果阳台对面没有任何东西，你还愿意爬吗？肯定不会吗？如果这边着火了呢？

这个故事说明了销售的两种基本方法：第一种不断介绍自己产品的好处、优势和益处，就像阳台对面的 10 万元、200 万元，总有一点能够打动客户，这是推销；第二种就像客户背后着火，遇到燃眉之急，我们帮助客户发现痛点以及严重性，并提供解决方案，这是顾问式销售。

SPIN 销售法

在 20 世纪 80 年代之前，推销非常普遍，在我们的印象中，销售人员应该能说会道、舌灿莲花、口若悬河。1988 年，美国销售专家尼尔·雷克汉姆跟踪研究了上万名销售人员，得到了一个出乎意料的结论，他发现：业绩好的销售人员并不轻易介绍产品，而是善于提问。他出版了《销售巨人》这本书，提出顾问式销售的概念，将提问分成现状提问、痛点提问、暗示提问和获益提问，即顾问式销售的四个步骤（如图 4-2 所示）。这本书对销售行业影响巨大，从此之后，许多推销员开始向销售顾问转变，保险推销员变为理财顾问、房地产销售通常自称置业顾问等。

图 4-2　顾问式销售的步骤

需求包括表面需求和潜在需求，潜在需求是客户的购买动机和痛点。SPIN 销售法通过帮助客户找到痛点来激发需求。顾问式销售方法颠覆了传统的以产品为中心的销售理论，迅速为很多跨国公司所采用。尼尔·雷克汉姆将顾问式销售分成简单有效的四个步骤（其中的暗示提问，我个人喜欢替换为影响提问（impact questions）），直到今天仍然是帮助客户发现需求的实用的销售技巧。

现状提问

现状提问是指我们要帮助客户发现痛点并提供解决方案，不能见到客户就直指其痛点，这样既不礼貌也不合理，我们需要调研客户症状，就像医生询问病人病情一样。如果不详细检查和询问，一上来就说出其痛点，结果只能是客户难以接受。全面完整地理解客户的症状，是我们激发需求的前提，也是很好的开场白和过渡，要自然而然地进入顾问式销售的过程。

电脑销售顾问："您现在的电脑用得还好吗？"

体检顾问："您对单位在三甲医院安排的体检满意吗？"

饲料销售顾问："您的猪吃得香吗？最近有没有上秤？"

机床销售顾问："您现在承接的精密加工生意多不多？"

痛点提问

痛点提问是指与客户沟通现状的时候，自然而然找到客户的痛点，痛点最好让客户自己说出来，而不是由我们给出结论。实际上，戳痛点有两种方式：第一种是从客户症状出发，寻找我们能够解决的痛点；第二种是先分析我们的产品能够解决客户的什么痛点，再照猫画虎去寻找。戴尔将客户痛点总结为 SPAMS，即扩充性（Scalability）、性能（Performance）、可用性（Availability）、可管理性（Manageability）、服务和支持（Serviceability），要求销售团队按照这个逻辑戳痛点。我个人更喜欢第一种方式，这才是真正的以客户为中心的方式。第二种方法简单，好像有了榔头，就将所有问题当作钉子去砸，很多销售喜欢这种方式，易于迅速上手。

在拜访客户时，通常要准备两个痛点，一个戳不中，立即换一个痛点。不顾客户的反应，使劲儿戳一个痛点很不明智。如果两个痛点都没有戳中，说明要么关系出了问题，要么拜访客户前没有做好充分的准备，应该重新分析研究客户资料，再来拜访。痛点是现状和目标之间的差距，比如我有时会询问客户："您的部门（企业）今年的目标是什么？主要障碍是什么？"这其实就是根据客户的经营目标寻找痛点。我们还应该跳出采购部门，扩大接触面，这有利于找到更广泛的痛点。综合分析客户的价值链，从研发、生产、运输、销售到客户的客户，分析 KPI 体系，找出达成目标的差距。例如步步高当年在向手机卖场销售的时候，绝不会只与其采购部门打交道，而是扩大到了手机卖场的整个价值链。

价值链与痛点的具体内容如表 4-1 所示。

表 4-1　价值链与痛点

价值链	痛点
企划	● 氛围淡，入店客流少，有时候销售人员比顾客还多 ● 缺少促销方案和物资
销售	● 销售人员技巧欠佳，成单率低 ● 销量大的，利润率低
财务	● 进货成本高
人力资源	● 逢年过节时导购休假、离职率高 ● 人力成本攀升
采购	● 产品品类过多，库存增加 ● 库存多却缺货，客户要买的没有存货
消费者	● 产品退货 ● 抱怨买到二手机

针对这一系列的痛点，步步高给出了促销解决方案，包括在节假日向店面派出导购，在闲暇时为店面导购提供培训，提供盈利能力强的现金牛产品等，这样就形成了完整的解决方案。

痛点提问的典型话术是：

电脑销售顾问："玩游戏的时候很卡，怕不是显卡的问题吧？您现在的电脑是什么型号的显卡？"

体检顾问："嗯，三甲医院的套餐都是固定的，您单位的老员工想扩大体检范围，是吗？"

饲料销售顾问："哎呀，养了这么久体重没上去啊。带我去看看饲料，感觉有问题。"

机床销售顾问："精密加工的生意这么好，您的机床能切割这么精密的设备吗？"

影响提问

影响提问在《销售巨人》这本书中被称为暗示提问，我个人比较喜欢使用影响提问这个词。假设有两栋相邻的高楼，其中一栋楼着火了，外面刮风下雨，你会选择在两楼的阳台之间搭上木板逃命吗？如果火还在很远的地方或者只是小火苗，我们肯定不会冒险。客户对所有产品都有需求，比如房产、豪华汽车、奢侈品，但不一定都会购买。只有当问题严重到一定程度，才会真的购买。决定购买时间的是痛点的紧迫性，决定购买预算的是痛点的重要性。既然决定购买时间和购买预算的是痛点的紧迫性和重要性，我们就应该帮助客户意识到问题的重要性。比如我们前面提到的，正大集团的销售人员谈到猪吃饲料长肉慢时，养殖户并不动心，但经过计算，500 头猪延长出栏两周，需要多消耗 2500 千克饲料，会增加 25 万元养殖成本，同时每头猪少长肉 25 千克，每千克猪肉市价 22 元，减少收入 27.5 万元，这时养殖户立即更换了原有饲料，开始试用正大集团的产品。

在复杂的销售模式下，痛点的影响来自四个方面：对未来发展的影响，是否影响到客户的收入、成本和品牌，长此以往会导致什么后果；对业务流程的影响，是否影响研发、生产、运输、销售、服务和收款等；对部门间的影响，会不会招致其他部门的抱怨；对个人的影响，会不会增加个人工作量而导致加班，会不会影响个人工作效率以及个人发展。我们越全面深入地找到问题和影响，就越能帮助客户意识到问题的严重性，并为客户创造更大的价值。

我们还常常使用"如果、更严重的是、万一"这样的词句，让客户意识到极端情况下的严重后果。比如我体检的时候发现血脂比较高，起初并不太在意，在检查 B 超的时候，医生告诉我："你的颈部动脉有粥状硬化，已经堵了四分之一。"其实我不太懂粥状硬化到底是怎么回事，更关心它会带来的影响。医生说，血管粥状硬化，万一脱落进入心脏就是心梗，进入脑部就是脑梗。听到这些，病人还能无动于衷吗？我被吓住了，吓住的原因不是病因而是影响，于是决定立即开始治疗，每天吃降血脂药。

电脑销售顾问："有多卡啊？直接黑屏断线啊？那还怎么玩啊？太痛苦了，会不会被队友骂？"

体检顾问："三甲医院不能提供灵活的套餐，老员工无法深入检查，会不会漏检啊？他们很多都是领导，对体检工作有什么不满意的吗？"

饲料销售顾问："猪天天吃饲料不长肉，谁受得了啊？500 头猪每天就要吃好几千元的饲料，不都浪费了吗？到出栏共浪费 20 多万元的饲料呢！体重上不去，每头猪少卖 25 千克，损失也要 20 多万元呢！您得算清楚这笔账啊。"

机床销售顾问："现在这种机床加工质量堪忧，如果客户不满意怎么办？会不会换一家？好不容易谈下来的客户丢失了，对您公司的影响多大啊！"

很多销售人员找到痛点之后就着急忙慌地介绍产品或者提供解决方案，没有耐心地沟通痛点带来的影响。客户更关心影响而非痛点本身。在 SPIN 销售法的四个步骤中，花费时间最长的应该在影响提问这个阶段。

获益提问

获益提问是由于顾问式销售技巧的普及，很多人都学会了戳痛点，但站在客户角度想一下，每天一堆人来戳痛点，就为卖出产品，客户会不会很反感？有的客户早已练就一身"钢筋铁骨"，有时我们常戳不中其痛点，反而折了自己的手指头。还有一些客户就像一团软棉花，你说什么都点头称是，你似乎戳到了痛点，但是客户没有任何后续行动。我们应该用获益提问来验证，为进入下一个阶段的销售做好准备。获益提问的话术是：

电脑销售顾问："那您真不能忍了吗？毕竟换电脑也要花不少钱。"

体检顾问："如果能给老员工可选的体检服务，他们是不是就能认可您的工作了？"

饲料销售顾问："不如尝试用玉米饲料进行对比，三天称一次，看看猪的体重有没有增长。"

机床销售顾问："解决精密加工问题，是您的当务之急吗？"

解决方案销售

帮助客户发现痛点，能帮助我们从简单产品销售转向解决方案销售，为客户创造价值，也可以帮助我们销售更加复杂、利润更高的产品组合，这是摆脱同质化竞争的方法之一。

解决方案销售的特点

产品销售也需要寻找客户痛点，但解决方案销售需要从客户的组织结构出发，更加全面、完整、深入地寻找痛点，提供完整的产品和解决方案。比如 IBM 销售综合布线解决方案，不仅提供 IBM 的产品，甚至还要负责为机房的洗手间选购智能马桶盖。在销售产品的时候，客户比较注重产品性价比，但是解决方案则主要围绕投资回报率或者投入产出比。每个客户的情况不一样，痛点带来的影响不同，解决方案的价值不同。销售顾问要具备更强的咨询和设计能力，销售周期更长。解决方案销售需要我们在早期介入，而产品销售不需要这个过程，常在客户货比三家的时候才介入，这导致解决方案销售的时间远远超过了产品销售的时间。

交付产品相对简单，客户购买风险也小，不涉及实施和产品安装，拿来就能用。解决方案常包括安装实施和验收，实施能力对成败影响极大，就像做手术的大夫需要具备很强的临床经验，这往往是不好衡量的。当我们购买产品时，一手交钱一手交货，双方都放心。由于解决方案的复杂性和风险，客户常要求根据实施进度付款，这样就带来了巨大的应收账款的风险。

产品销售和解决方案销售各有利弊，不是所有企业都适合转型，因地制宜制定销售策略才是正确做法。

IBM 的解决方案转型

20 世纪 90 年代，IBM 面临激烈的竞争，PC 打不过康柏，网络产品竞争不过思科，软件产品被微软颠覆，小型机的性价比远不如惠普和 DEC，数据库的竞争力不如甲骨文，华尔街建议分拆 IBM，使其成为单一产品的公司。刚上任的 CEO 郭士纳认为，客户不仅需要购买产品，还需要有人能够提供完整的咨询和解决方案，他领导 IBM 从产品销售转向解决方案销售。

我正好经历了这种转型，竞争对手推销他们产品的优势——

性能更高、价格更加便宜，这只能打动技术部门。我们加入公司之后不仅培训产品，还学习了电信行业的主要解决方案，见客户时直接拜访业务部门和客户决策者，探讨未来趋势：怎么推出灵活的计费方式与对手竞争？怎样避免电信欺诈，如果不能发现电信欺诈会造成多大的损失？我们轻而易举地击败了那些产品具有性价比优势的公司。IBM从产品销售转向解决方案销售，不仅打败了竞争对手，还赢得了销售收入和利润的同步增长，成为解决方案销售的标杆。IBM不满足于发现问题并且提供解决方案，更希望帮助客户制定长远的信息技术战略，后来并购了世界知名咨询公司——普华永道，进入了咨询行业，这是解决方案销售的延伸。

IBM解决方案销售的转型成功吗？未必，IBM注重商业模式，过于讨好客户的需求，反而忽略了技术的迭代和进步。随着新技术的不断涌现，IBM与很多重要的机会失之交臂，渐渐落伍。曾经IBM看不上眼的竞争对手苹果公司走上了另外一条道路：跟随互联网的发展，专注于新产品的研发，不断推出iPod、iPad、iPhone和VR产品，反而越来越强盛。在企业战略层面，不要把销售方法看得太过重要，销售方法是服务于公司战略的，不是每家公司都需要解决方案销售方法论的。

华为的解决方案销售

华为进行解决方案销售转型的动机和IBM完全不同，IBM因为产品竞争不利而转向解决方案销售，但华为"笑傲江湖"，"拔刀四顾心茫然"。华为是在客户的要求下走向解决方案销售的，当时华为就要登顶全球最大的电信供应商，却遇到了前所未有的局面。马来西亚电信公司认为IPTV（互联网电视）是通信的未来，华为承担了建设的责任。华为善于销售产品，却没有将各种产品集成在一起的能力，项目进展得极不顺利。华为意识到成为世界第一意味着更大的责任，不能总是销售产品，还要与客户规划未来，提供整体解决方案。下面这段话来自华为轮值 CEO 徐直军的 2017 年新年献词，可以从中看到华为对解决方案销售的理解和定义。

> 基于战略和业务变化构筑能力，真正帮助客户应对挑战和困难。面对行业转型，客户认为设备商把自己定位成"你有什么需求，我来满足你"的时代已经过去，迫切希望华为从一个网络设备供应商转型为商业解决方案提供商，成为能够与客户一起探索未来、与其一起面对未来挑战与风险的商业合作伙伴。

vivo 和 OPPO 的解决方案销售

近几年，曾同属步步高的 vivo 和 OPPO 异军突起，销量飞速成长，采纳解决方案销售进行线下促销是其成功秘诀之一。vivo 和 OPPO 是典型的零售模式，为什么要采用大型项目中常用的解决方案销售？步步高对手机连锁卖场的研究十分深入，将节假日当作解决方案销售的核心，比如元旦、春节、情人节、五一、暑假、中秋、国庆。连锁卖场存在很多痛点，比如人流过少、促销员放假回家、销售能力不够、没有主打产品等，厂家对此提供了整体解决方案，比如国庆大促方案，在店面放音乐、堆头，派遣销售人员入店，提供主打产品，条件只有一个，就是让手机连锁店压货。vivo 和 OPPO 建立了节假日促销整体解决方案体系，终于产生了效果，从三四线城市起步，销售取得成功。难能可贵的是，那个时候互联网思维满天飞，步步高踏踏实实地以客户为中心，毫不动摇，取得了绝地反击的大胜利。步步高的解决方案销售似乎与 IBM 和华为的转型动机不太一样，在渠道管理中引入了新的概念。

外包服务

解决方案销售发展的极致便是外包（outsourcing）。IBM 与大型金融机构、电信运营商签署外包协议，比如 AT&T 共支付 30 亿美元，将 3000 名 IT 工程师转入 IBM 工作，IBM 为其提供十年的全面的 IT 技术支持，客户提出的任何与 IT 相关的要求，都由 IBM 来实施。这样，AT&T 可以做到战略聚焦，集中精力提供电信服务，不擅长的 IT 技术就交给专业企业负责。IBM 则获得了更大的销售收入和利润，并借助这 3000 名员工向全球电信客户提供专业服务。这种外包服务模式在中国也越来越广泛，比如华拓金服在大庆建立了数千人的团队，向银行提供各个流程环节的外包服务。

宁波美康是国内医疗试剂的领先厂家，向医院检验科提供各种疾病检测产品。郊县的小型医院常没有足够的资金来购买多种多样的检验产品，由于技术限制，误诊率也很高。基于这种需求，美康提供集约式的检测外包服务，不仅提供产品，还向医院提供一整套检测服务。医院将样品交给美康，美康提供检验结果。与医院达成集约式服务协议之后，产品层面的竞争彻底消失，检验服务的利润远超检验产品，并彻底拦截了竞争对手的产品。

痛点分析表

企业应该针对产品和服务做详细而深入的分析，找出能够帮助客户解决的痛点，以及客户可能存在的症状及其潜在影响。销售团队使用模板快速诊断客户需求，这是提高企业顾问销售能力，并建立解决方案销售的有效方法。痛点分析表包括痛点、症状和影响三个部分，痛点是其中的核心，症状和影响为辅（见表 4-2）。当客户组织结构很复杂的时候，应该结合客户的相关部门再做出更加细致的分析。

表 4-2　痛点分析表

客户	KPI	痛点	症状	影响 （财务、流程、员工、服务对象）

痛点分析表也有很多层次，比如一家灯具公司，可以笼统地把痛点分成照度、节能、防眩光和耐用性几个方面。梳理了产品层面的痛点之后还可以按照客户类型分类，再生成多个模板，以满足不同产品和客户的需求。比如，深圳海洋王照明公司的产品在铁路、机场、化工厂、体育场馆和军队均有使用，在不同行业用途差异极大，比如：铁路室外施工，抗震性极为重要，是核心痛点；体育比赛的场馆特别注重防眩光，避免影响运动员视线。海洋王照明公司的痛点影响表就要按照行业特征进行梳理。不同的产品线也需要做出不同的表格，LED、花灯和室外霓虹灯，能

够解决的痛点也不一样。

痛点分析做得最好的仍然是医院，当我们在用自动挂号机或者手机 App 挂号时，我们可以看到医院已经对疾病进行了分类——内科、外科、儿科、呼吸科、消化科等，只要稍有经验，病人就可以顺着指引完成挂号的过程。

痛点分析表有三个用途，前两个和关系发展表一样，可以用于分析客户，也可以用于公司对销售的检查，第三个用途更为关键，销售人员在拜访客户之前，应该用这个表格仔细梳理客户的痛点。事实上，这个表格的内容和 SPIN 很接近，可以直接用于和客户沟通时的话术。在一些重要的拜访前，销售人员甚至可以使用这个表格和自己的主管做一个模拟拜访，不仅对这次拜访很有帮助，而且这种习惯延续下去，也是销售方法论落地的关键。

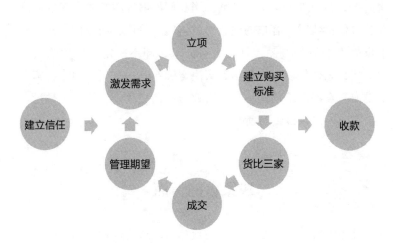

立项

激发需求

建立购买标准

建立信任

收款

管理期望

货比三家

成交

第五章

证明价值，促成立项

在传统销售方法论中，我们可以向客户提供明确的报价，但只能笼统地说出益处，客户无法比较投资回报率或者投入产出比，导致客户难以下决心采购。当我们能够证明解决方案的明确性并量化价值时，客户的注意力就将转向价值，而非性价比。对于世界上的每种产品，都有人有需求，却不一定会发生购买行为。那么怎样促使客户做出购买决定呢？其中有两个因素：第一个是人，发现需求的人不一定有权做出购买决定；第二个是投资回报率，客户想得到明确的价值。

决策者的特点

机构中每个部门都有各自的预算，能够决定预算的人就是决策者。决策者不总参与购买，却会做出几个关键的决定：买不买、购买时间、预算，以及最终决定购买的厂商。在小型采购中，发起者和决策者很可能是一个人，但在大型采购中，决策者往往处在客户组织结构的顶端，他们具备以下几个特点。

年纪较长，经验丰富

我曾经拜访过一位在商场打拼几十年的企业家，试图用顾问式销售技巧去戳他的痛点，老总看着我慢慢说道："小付啊，我们都在商场很久了，别绕圈子，有话直说吧。"我无言以对。千万不要在决策者面前耍"花枪"，人家都是"老江湖"。

他们见多识广、阅人无数，通常比一线的销售人员年长十几岁甚至二三十岁，他们善于识人用人，很可能一眼看透了我们的性格和内心世界。他们财力雄厚，对一般的吃吃喝喝根本没有兴趣。踏踏实实、办事靠谱才是没有风险的选择。决策者如果愿意与我们会面，则不会口出恶言，也不会做无效的争辩，但如果没有谈好，我们就再难见到第二次。

时间紧迫

除非关系深厚，否则我们很难与决策者聊上一个小时，因此根本不能使用 SPIN 销售法与客户沟通，也根本没有时间找到并确认其痛点和症状，并充分阐述痛点带来的影响。一般来讲，顾问式销售包括现状提问、痛点提问、影响提问和获益提问，沟通时间至少在半小时以上，初次见面时决策者一般不会给我们这么多时间。有的公司采取高管接待日，用半天时间与各种各样的人会面交谈，可以想象一下，在那排着长长队列的情况下，还使用顾问式销售技巧，简直没有可能。

我拜访决策者的口头禅是："就占用您 3 分钟。"为此，我常将所有要讲的内容放入一份文件，在拜访决策者时交给对方。如果 3 分钟的拜访时间延长，双方谈了半小时以上，这就是一个极为积极的信号。所以拜访高层的底线是要在 3 分钟内谈清楚来意，能否延长时间就要取决于沟通效果。

集体决策

决策者有时不会直接给我们答复，因为他们通常拥有专业的下属，决策者与这些下属之间有多年的汇报关系，"胳膊拧不过大腿"，我们的影响力肯定比不上客户内部的影响力。大型客户内部有采购部门、固定的购买流程和制度，决策者不会随意打破。比如，医院要采购价值数百万美元的医疗设备，很可能需要得到当地卫健委的批准，再经过公开和正规的招投标，决策者必须按照这个流程集体决定。当然，也有个别情况是有些决策者放弃了自己的权力，数千万元、数亿元的采购就由其他人独自决定。

一些央企客户秉持一个原则：采购者不决策，决策者不采购。这样既避免了可能存在的不公正，也让决策者能够站在高处，"欲穷千里目，更上一层楼"，避免"不识庐山真面目，只缘身在此山中"的情况。

汇报而非调研

我常强调，提问比介绍更加重要，但这并非绝对。SPIN 销售法是很重要的提问技巧，却不能放之四海而皆准，它更多被用于寻找需求，面对决策者时却无能为力。我们很难向决策者提问，他们不负责具体业务，电脑销售顾问很难询问决策者对电脑 CPU 和显卡的要求。雷士照明的销售团队向星级酒店销售灯具的时候，也很难询问决策者对能耗和实施细节的要求。但如果连这些基本功都不做就去见决策者，简直是找死。

决策者更多是听取汇报，而非接受我们的调研，我们需要使用非常独特的决策者拜访技巧。顾问式销售技巧和决策者拜访技巧构成了一个闭环，收集资料和汇报是信息一进一出。

No Pain No Gain

尽早接触决策者是销售的秘诀之一，却不代表应该毫无准备地拜访决策者，必须做好充分的准备，一击即中。首先，应该收集决策者的资料，研究其主要思路。更加关键的是，决策者将要判断方案和产品的价值，以决定是否购买。西方有句谚语："No Pain No Gain。"意思是没有痛苦哪来的收获。因此，在拜访决策者之前应该详细调研，将客户可能遇到的问题找出来，做出解决方案并准备汇报方案能够带来的价值。

提供明确的价值而非模糊的益处

决策者在采购中的作用与其他客户是不同的，他们是拍板做决定的，需要明确的投资回报率来立项，但是销售人员有时只能提供模糊的益处。

> 手机销售顾问："用了这款手机，您手机拍照就无敌了。"
>
> 灯具销售顾问："您如果采用了 LED 灯泡，就能大大节省电费了。"
>
> 网约车企业级销售顾问："您如果采用企业出行 App，包含时间、起点和终点的行程数据，系统立即传到您的财务系统，不仅大大提高了您检查发票的效率，还可以很有效地减少因私出行的报销费用。"

这几位销售顾问谈的都是益处，这是过时的推销理论。我们前面谈过，这种话术叫作 FABE，F 是产品功能和特点，A 是优势，B 是益处，E 是证据，典型的以产品为中心。客户采购需要衡量投入产出比或者投资回报率，以替换老旧灯具为例，购入 LED 灯具需要购买成本，那么节省的电费是多少？能不能抵得上购买灯具的费用？

曾有两位知名互联网音频平台的销售顾问来拜访我，请我把声音课程内容放到网站上。一名销售顾问说道："这样就可以大大地增加您的知名度，还有很可观的收益。"我如果把声音课程放在平台上，我就要买一个很不错的麦克风，花半个月录制声音，然后找到后期制作团队，支付一笔费用。是否同意取决于是否划算，于是我问道："'大大'是多少？'可观'又是多少？"

这位销售顾问是海归，看着我说道："'大大'就是 super big，'可观'是 very much。"

我哭笑不得，只好回答我再想想，他旁边的顾问开口了："有位叶老师讲时间管理，已经在我们平台上线了，他和您的课程稍有不同，您想参考一下吗？"我点头说好，他打开手机说道："您看，这里有运营数据，他的课程名称是'时间管理 100 讲'，到现在为止共有 1.3 亿次播放，96 万人订阅，口碑也很好，满意度是 9.6 分。这个课程核心内容有 100 多集，假设每个人都听完了，就会有二十几万人收听过。这个节目以前是单独收费的，全部收听收费 99 元，现在改为 VIP 分成模式，您可以大概计算出来他的收入。"

这段话立即打动了我，一次性录制节目，以后定期会有几万元的收入，何乐而不为，不要太划算。但我很快冷静下来，我太了解销售的套路了，说出来的标杆都是成功案例，失败案例永远不会讲出来，谁能保证我就一定能达到这位叶老师的播放量呢？但不管怎么样，第二位销售顾问的话打动了我，原因就在于他说清楚了投入产出比，第一位只表达了模糊的益处。

他们离开之后，我做了些调研，果然数据不是那么漂亮，这家平台几年前主推知识付费，叶老师的课程生逢其时，App 到处都是这门课的弹出广告，现在肯定不会有那时的效果。但我最终还是决定做声音课程，没有那么高的期望值，完全免费，留给学员预习和复习，口碑相当不错。

证明价值

决策者根据投资回报率决定购买时间和预算。在大型采购中，客户通常会做出可行性分析，最主要的就是评估投资回报率和购买风险。道理很容易理解，以炒股为例，假设现在股票指数是 3000 点，如果你相信股市年底将涨到 6000 点，你肯定大手笔买入，没钱也要买，但如果你觉得年底会跌到 1500 点，则肯定会抛售。在本书开始的时候，我们讨论过客户会不会购买性价比高的产品，实际上客户更看中投资回报率。当我们用投资回报率来与客户沟通的时候，常能发挥巨大的效果。

西沃汽车是沃尔沃与西飞集团的合资企业，生产沃尔沃品牌的大客车，在中国遇到了激烈的竞争，宇通是其主要竞争对手。同样是 40 多个座位的大客车，西沃客车的价格是宇通的两倍多，性价比处于极大劣势。西沃的对策是帮助长途运输公司进行运营分析，由于沃尔沃的品牌优势，假设每辆客车能够多乘坐 5 名乘客，一张票 100 元，每天来回一次，增加收入就有 1000 元，假设每年运营 300 天，就能增加收入 30 万元，一年多就能收回购买成本。客户算清楚这笔账后，就购买了西沃客车。西沃的销售团队凭借投资回报率分析，获得了大量的订单。

投资回报率和投入产出比

投资回报率适合固定资产，一般来讲，房屋、建筑物有 20 年折旧期，飞机、火车、轮船、机器、机械和其他生产设备有 10 年折旧期，与生产经营活动有关的工具和家具的折旧期为 5 年，飞机、火车、轮船以外的其他运输工具有4年折旧期，电子设备有3年折旧期。这意味着我们为客户带来的价值应该在上述期限内超过其购买成本。以电脑设备为例，我们通常要证明客户可以在两年内可以收回投资，如果能够证明，在财务上就是非常划算的投资，决策者不可能不知道这一点。

对于归属于财务费用的产品，尤其是服务、生产原材料耗材，无法计算其投资回报率的，应该计算其投入产出比。比如我的客户酶制剂厂家杰能科（中国）生物工程有限公司向食品制造企业提供安全的食用酶，客户按月采购和使用，很难计算其投资回报率，却可以计算由于使用食用酶而导致的食品在运输、储运和销售环节减少的损耗，说的就是投入产出比。假设正大集团向养殖户销售的饲料与本地便宜饲料相比每月会增加10万元的养殖成本，却能够使得每头猪增加重量，使养殖户每月收入增加50万元，那么投入产出比就是5倍。我们的另外一个客户——大田物流，它提供典型的物流服务，也不能计算投资回报率，却可以通过计算节省的损耗和缩短的运输时间来计算出其投入产出比。

一般，我们用价值这个词涵盖投资回报率或者投入产出比。

当我们从性价比转向价值的时候，与客户的合作才是真正的双赢，否则就变成杀价的游戏。我曾在和电信运营商销售大型计算机设备的谈判期间，客户领导上厕所，我跟着出去，他随口问我一句："你们有打印机吗？"我说："有。"他问多少钱，我说："大概50万美元一台。"客户问："怎么这么贵？"我说我们的打印机是大型电信局打印账单用的，进的滚筒纸，出来就是信封，可以直接寄出，省了几十名工人的劳动，还可以自动在账单中打印和夹带广告宣传页，每月打印50万份账单都夹带广告的话，一年就能把打印机的钱赚出来。客户十分动心，加上购买预算超出我们的底价，客户当天就订购了两台。这证明投资回报率的本质就是：客户赚大头，我们赚小头。客户能算清楚这笔账的话，就不会斤斤计较于我们的产品和报价。

价值建议书

在拜访决策者，证明价值时不能只笼统地介绍，应该做出相对正式的文件，说明痛点、解决方案和投资回报率（投入产出比），这就是价值建议书。决策者时间紧张，不太可能看厚厚的文件，因此建议将价值建议书的篇幅控制在一页之内。

价值建议书的逻辑是，首先要讲清楚客户的现状和痛点、解决方案及其带来的价值、购买成本和投资回报率（投入产出比）。我帮助过很多企业制作价值建议书模板，差异极大，基本上可以反映出销售团队的水平。在这里我举出两个例子，以区分价值建议书的优劣，见表 5-1 和表 5-2。

表 5-1　失败的价值建议书

××基金公司通信系统价值建议书		
概述	××基金公司致力于建立高效的销售渠道，提供优质客户服务，提供一流的投资风险管理，稳步发展成为中国最佳的资产管理公司之一。随着客户群体的壮大，通信系统面临着巨大的压力和严峻的挑战	
问题挑战	办公电话平台老化、不稳定，员工抱怨	今年已发生了两次全系统瘫痪的重大故障，采用全新系统后，将完全杜绝此类现象
	呼叫中心经常出现不明故障，客户电话无法转接，引起客户投诉和流失	呼叫中心系统升级后，将杜绝不明故障，更好地为客户提供优质的咨询及交易服务
	系统版本过于老旧，导致话机兼容性差	系统升级后支持以往老旧话机，功能得到完全发挥，能够拓展新功能，整合即时通信和通讯录功能，使语音平台赶超同行业标准

（续）

×× 基金公司通信系统价值建议书		
解决方案	交换机	70 万元
	服务成本	20 万元
	总计	90 万元
投资回报	大大改善客服系统，大大提高客户满意度，大大改善员工通信效率	

这份价值建议书似模似样，格式工整，却是失败的，因为没有全面完整地找出痛点，自然不能计算出解决这些问题带来的价值，最终用"大大"来形容价值，没有量化，客户投入的 90 万元到底值不值，没有体现出来。我们来看看来自同一家公司销售同样产品的另外一份价值建议书（见表 5-2）。

表 5-2 成功的价值建议书

×× 集团通信解决方案		
概述	×× 集团进入中国市场以来，分支机构发展到十多个城市，原有通信体系面临巨大的挑战	
问题挑战	话费高昂	租用专线，内部通话免费，按单价 0.1 元/分钟，每人每月 200 分钟计算，600 人每年节省 14.4 万元。通过内网拨打外部电话，节省长途话费，按单价 0.15 元/分钟，每人每月 50 分钟计算，600 人每年节省 5.4 万元
	办公场地紧张	移动办公，5% 的员工在家办公，按本地租金每天 6 元/米^2 计算，每人使用面积 3 米^2，每年节省 19.44 万元
	维护成本和故障率高	减少两名 IT 管理人员，每月节省 6000 元/人，每年节省 14.4 万元
	出差频繁，差旅费高昂	采用新网络，保证通信质量，假设 10% 的员工（即 60 名员工）每月减少出差一次，每次出差费用 2000 元，每年节省 144 万元
	总计节省	197.64 万元

（续）

×× 集团通信解决方案		
投入	语音设备	150 万元（600 台，每台价格 2500 元）
	数据和带宽	利用现有设备
	年维护费用	15 万元
	总计	165 万元
投资回报	采用全新设备，将提升通信质量，11 个月可回收成本	

这是一个基本正确的价值建议书，全面完整地找到了客户的痛点，展现出更多的价值。价值明确和量化，计算出了投资回报率，客户得到全新设备的同时，还节省了这么多成本，这足以打动客户。新产品可以提升通信质量，减少断线率，这是最主要的价值之一，但这份价值建议书也有缺点。如果能够计算出新设备提升的沟通效率，以及减少的客户流失带来的价值，投资回报率显然可以大大提升。客户知道这个价值，我们却说不清楚，略有遗憾。

要做出科学合理的价值建议书，特别依赖于对客户需求的理解，如果没有充分的调研是拿不出这些数据的。企业在检查销售团队工作的时候，应该先让销售人员画出客户关系发展表，再展示价值建议书，到底是"拍脑袋"编出来的还是真做了深入的工作，一目了然。

价值建议书的数据来源

保险公司特别擅长用价值建议书进行销售，我曾经旁听过一家寿险公司的产品说明会，在五星级宾馆邀请了大约 100 位退休老人，为其介绍保险理财产品。客户每个月购买保险，不仅能够得到保险服务，还能得到分红。他们做了一份详尽的样本分析，告诉老人每个月存多少钱，未来 10 ～ 20 年能够得到多少分红，计算出的投资回报率相当可观，很能打动客户，我很关心这些数字是怎么计算出来的。于是，我与保险顾问进行了沟通，问道："你们每年 8% 的回报能保证吗？"这家保险公司把资金投入到基金中运行，他拿出一份基金资料来展示他们的投资回报率，最低的都在 8% 以上，平均在 10% 以上。我又询问："能不能给我看看你们全部的基金投资回报情况？"保险顾问说有好几百种，没法一一显示。我明白了其中的诀窍，这家保险公司至少投资了数百家基金，拿出来演示的是其中最赚钱的基金。实际上按照当时的市场，根本做不到 8% 的投资回报率，能做到 4% 就很不错了，分红远远达不到他们所描述的效果。保险理财顾问用很有误导性的资料来说服客户，当顾客购买保险后发现回报达不到预期的时候，基本很难退保。

这种做法有误导客户的嫌疑，这并非价值建议书的错误，而是数据和样本选择的问题，不能因此否定价值建议书的作用。在制作价值建议书的时候，量化关键因素比较困难。很多人担心：客户会不会把价值建议书放入协议，万一达不成投资回报率怎么办？还有人根本计算不出量化的价值，那么我们先来看看价值建议书的数据来源。

价值建议书首先来自合理的计算，比如假设每人每月通话 200 分钟，这是合情合理的假设，自然而然得出了节省的费用，而只要采纳合理的数据，客户是不会质疑的。再比如，灯具公司节省的电费，正大集团帮助养殖户节省的饲料成本和猪重量提升带来的收益，物流公司节省的库存成本，都可以这样推算出来。

数据还可以来自成功案例，在复杂产品销售过程中，通过试点建立成功标杆十分重要。我们可以搜集到真实的数据，用以衡量产品的价值。比如，IBM 在上海推广智能交通解决方案的时候，拿出纽约和东京的成功案例和数据，上海客户都能接受。如果选错案例，说服力就会下降，比如为上海客户拿出普通地级市的案例，客户一定嗤之以鼻，因为不符合其国际化大都会的形象。所以，我们要特别重视标杆客户的价值。

数据还可以来自客户内部，我们在前期激发需求的时候，常常被问："您觉得这个问题解决了会有什么效果？"当决策者询问的时候，我们就可以说："这是你们内部的判断。"

在计算投资回报率的时候，最好的数据当然是金额，比如增加多少销量、带来多少利润、减少多少成本。可是很多价值不能完全用金钱衡量，比如减少员工加班时长，减少加班费当然可以用金钱衡量，但是提升员工满意度却无法用金钱衡量。在这种情况下，非金钱化的数据也很重要，无须牵强都用金钱来衡量。实际上，按照平衡计分卡，企业绩效指标绝不仅仅是财务指标，还应该包含流程指标、员工满意度和学习发展指标、客户体验指标等。尤其政府等事业型机构，不完全追求经济效益，只能结合正确的政绩观说明价值。

在价值建议书中，我们往往要说明购买成本，这是客户确定预算的参考，而非最终的合同价格，这是笼统的预估，不需要提供详尽的报价。

价值建议书对于证明价值十分重要，只有在发现需求阶段，全面完整地找到客户痛点，找齐价值点，才能计算出投资回报率（投入产出比）。尽量不要将价值建议书通过邮件发给客户，要争取到见面的机会，当面说服决策者。很多人对决策者充满恐惧，站在其办公室门口都会浑身发抖，就像要上刑场一样。这不是夸张，我自己就有过这样的经历。还有一些人善于迎来送往，他们能轻松敲开领导的办公室门，三五分钟谈成，拿走订单，他们认为只有决策者才能做出决定，何必在下面花费时间。会者不难，难者不会，只要掌握了拜访决策者的技巧，经过摸索取得成功之后，我们都会喜欢上得到决策者认可的感觉。

价值（投资回报率和投入产出比）只是客户购买的重要因素之一，还有很多其他的因素左右着客户的购买决策，比如购买风险，这部分稍晚来谈。

价值建议书的表格

价值建议书（见表 5-3）是价值竞争方法论提供的第三个表格，是销售前期的核心，第二个表格痛点分析表会成为价值建议书的一部分。价值建议书是唯一不经修正就可以提交客户的文件，可以推动销售的发展。价值建议书几乎是销售前期最重要的工具。我特别鼓励企业根据产品和客户特点做出价值建议书模板，便于销售人员学习和使用。

表 5-3　价值建议书

客户成就		
风险和机遇		
价值回报	痛点	价值
投入	产品和方案	预算
ROI		

拜访决策者的技巧

销售人员最好直接面对决策者证明投资回报率，只有决策者才能做出购买决定，通过其他人转述效果就会大打折扣。尽早接触决策者是销售成功的关键，否则在合同签订之前，我们头顶仿佛悬着一把可能随时落下的未知利剑。这时我们就需要使用决策者拜访技巧，这种技巧与其他销售技巧存在巨大的差异。决策者时间有限，除非有特别的原因，否则我们很难长篇大论。决策者具有全盘视野，不需要知道过多细节，他们希望得到宏观和战略性的结论，我们不太可能持续提问，因此应该采取汇报的方式，并准备回答他们的质询。我曾拜访过一位决策者客户，从中可见拜访技巧。

销售人员："（敲门）我是 IBM 的销售顾问，很高兴见到您。"

决策者："我马上有个会议。"

销售人员："我就占用您 3 分钟的时间。（客户同意）上海交通在'十一五'期间，运载里程和人数高速增长，运载人次达到了 1500 万人次，取得了长足的发展。"

决策者："这些我比你清楚。"

销售人员："上海正在加快发展成为国际性大都会，汽车保有量持续增长，在 2010 年将达到 150 万辆（当时的预计，实际上远超过这个数字），将为我们城市交通体系带来巨大的压力和严峻的挑战。"

决策者："哦，你说说。"

销售人员："第一，交通拥堵，成为百姓关心、媒体追踪的焦点；第二，恶性交通事故频发；第三，交通罚款流失；第四，交警在恶劣环境中工作，严重影响到他们的健康，这是我们调研中看到的问题。"

决策者："哦，你们有什么建议吗？"

销售人员："智能交通解决方案。首先在主要路口架设自动感应摄像头，监控违章，能将交通监控范围内的违章行为减少30%，缓解因为违章带来的交通拥堵。其次，在无人值守路口安装摄像头，能够避免闯红灯和高速驾驶行为，将恶性交通事故减少50%。再次，避免罚款流失，假设150万辆汽车每年被拍摄违章10次，每次200元，与现在罚款收入相比，能避免24.8亿元的罚款流失，随着司机良好交通习惯的养成，罚款将逐年递减，可以达到以罚制管的目的。最后，用摄像头代替交警，交警暴露在污染环境中的工作时间将减少50%。"

决策者："24.8亿元？你们系统大概多少钱？"

销售人员："不到3亿元，要不要请我们的专家向您做个详尽的汇报？"

客户在询问报价的时候就已经动心，一个半月的罚款就能购买整个系统，非常划算，决策者向来关心性价比。在拜访决策者的时候，应该包括开场白、罗列痛点和商讨下一步行动三个步骤。值得注意的是，我们在准备拜访决策者的时候，按照3分钟来预估，但是能够将会谈延长才证明拜访卓有成效。

开场白

　　拜访决策者与普通拜访有很大不同，用一句话给自己贴个标签，做完自我介绍，就应该简述客户取得的成就，再指出客户面临的挑战和机遇。这就像武侠小说中常见的开场白：久仰大名，今日相见，三生有幸。一般来讲，自我介绍应该控制在半分钟之内，这要求很多销售人员改变其销售习惯，因为他们常常可以用2小时来介绍自己的公司和产品。

罗列痛点

　　因为决策者不必了解具体的细节，所以不要逐条与客户讨论痛点、症状和影响，只需将前期调研找到的痛点和影响罗列出来，避免将无关痛痒的细节放入价值建议书。在列举痛点的过程中，应尽量从外界变化和技术趋势方面来阐述，我们没资格也没必要指责客户。这就像医生在与病人讨论病情的时候，要针对疾病的机理和症状，而不要针对病人。我们还要增加适当的提问，确认客户的反应，避免单向沟通。

　　阐述解决方案和价值时要避免推销，从客户需求出发，针对每个痛点介绍解决方案的价值，避免"大大的""有效地"这样模糊的语言。时时注意客户反应，判断客户认可度，并提交价值建议书。尤其需要注意的是，如果客户没有追问，则不要主动报价，放在书面文档之中即可。这是拜访决策者最关键的部分，如果客户深入询问，就要详细回答，不可拘泥于3分钟，顺利延长到二三十分钟，才能真正证明拜访成功了。

商讨下一步行动

拜访的目的是促成客户立项，所以应该在结束拜访的时候，不失时机地利用决策者的影响力推动项目发展，并在客户中建立起优势。根据客户采购流程，我们还应该帮助客户从立项阶段，转向设计购买标准，我们应该获得决策者同意，与相关客户展开这方面的交流。当决策者同意立项之后，项目才算萌芽，采购流程转入下一步：设计购买标准。我们应该随之参与进去，帮助客户规划购买方案。

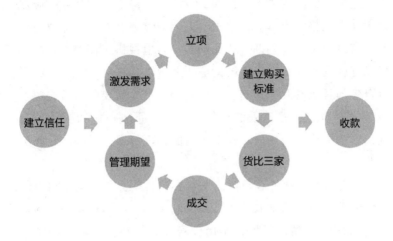

第六章

建立购买标准

　　有经验的客户常能够制定出详尽和完善的购买指标，但是大多数新客户毫无经验，不知道从哪些方面来评估和判断解决方案，这常导致购买失败。比如，我们在装修房子的时候，应该采用什么风格？家具如何搭配？电器应该怎么选择？即便简单产品有时也不容易判断，比如购买一台电视机应该怎么选择？背光分区是指什么？广色域又是什么？什么是 MiniLED？电视机自带的音响有几个声道？多少瓦的功率？需要配回音壁吗？如果没有考虑清楚，采购显然无法进行下去。比如买鞋的时候，忽略了鞋子的皮质，穿上之后磨脚不舒服，就将导致购买失败。

　　我们如果不帮助客户建立购买标准，就会落入竞争对手的指标体系，即使艰难取胜也可能无利可图。比如相亲的时候标准非常多，人品、家世、学历、身高、长相、性格、经济条件、年龄、兴趣爱好都是需要考虑的重要因素，但是没有人能够正好满足全部的标准，如果要样样齐备，恐怕大家都会变成剩男剩女。每个厂家都各有所长，影响对方的购买标准变得极为重要。

　　前面的建立信任、挖掘需求和证明价值都是主流的销售方法，有非常成熟的理论、方法和工具，比如 SPIN 销售法的顾问式销售，痛点分析表、价值建议书，常出现在专业书籍和课程之中，可是竞争是销售中始终存在的主题，传统的销售方法论很少涉及这方面的内容，尤其缺乏工具和话术。这么多年来，我对销售的研究主要集中在竞争方面，已经有了完善的理论、方法、工具、表格和技巧，并在大量的企业中得以应用，本书中的这部分内容几乎是独家的。

购买标准

满足客户需求和赢得竞争，哪个才是销售的本质？很多人认为，既然是以客户为中心，满足客户需求当然是销售的核心；也有人认为与客户的关系更为重要，答案莫衷一是。货比三家本来就是客户的需求，创造竞争环境，客户才能获得最大的购买空间。竞争与关系和满足客户需求一样，都是销售的本质。

让我们继续站在客户的角度，当客户购买汽车的时候，他们会考虑外观、空间、驾驶乐趣、油耗、安全性等；购买房子时，他们会考虑位置、交通、户型、配套设施。这些都是购买指标。可是，每辆车和每套房子各有特色，客户充满期待，但面对琳琅满目的产品，客户往往会迷失自己，他们对车子和房子的要求是否清晰和明确？什么重要？什么不重要？会不会遗漏了一些重要的需求？如果没有建立正确的购买标准，就很可能导致购买的失败。在这个充分竞争的时代，厂家各有特点，谁也没有压倒性的优势，客户真的无从下手。

我十年前在北京购买房产时，在北京的三元桥和国贸的两栋楼盘中犹豫。由于急用，我最关心入住时间，其次是位置和户型，忽略了开发商的实力和配套设施。我最终选择了三元桥的房产，没有购买国贸旁边的房产。十年过去了，那处由香港知名房地产商开发的项目已经成为北京最高档的楼盘之一，而三元桥房产十分普通，增值也远比不上。每次路过国贸，我都不由得想起那次失败的购买经验，充满遗憾。追其根源，就是因为购买指标的不健全，客户需要与专家讨论，应从哪些方面评估楼盘，以及怎么辨别配套和开发商实力等。

　　由此可见购买标准的重要性，客户需要全面完整地建立购买标准，并且学会如何衡量购买标准，才能避开购买陷阱，买到真正符合需求的产品，否则会导致购买的失败。建立正确的购买标准并不容易，很多指标是软性的，很难衡量。

软性指标和硬性指标

　　采购指标可以分成软性指标和硬性指标两大类。硬性指标指的是尺寸、重量等容易衡量的判断标准，比如手机的重量、尺寸、电池容量、摄像头的分辨率等，或者相亲中的年龄和身高等。这些指标容易衡量，我们却不能改变，硬性指标能够构成坚实的竞争壁垒，比如在招投标的过程中引导客户将笔记本电脑的重量设为 1.2 千克以下，因为我们产品的重量是 1.1 千克，而竞争对手的是 1.3 千克。但是聪明的客户不为所动，他们通常愿意将重量的要求定为 1.3 千克以下，让两个厂家互相杀价。硬性指标易于比较，容易形成竞争壁垒，是既成事实，它难以操控和引导。

　　软性指标更为重要，比如相亲中的人品和性格，这极为模糊。我们可以将人品区分成孝顺、专一、有责任心等，以建立细分的标准。我们应该成为购买标准的专家，研究出多种对策和打法，就像争夺每一块战场一样，当我们与客户沟通，让他使用我们的标准时，我们自然处于优势的地位。举个例子，我曾经帮助一家法国信用卡服务企业梳理招投标策略，银行客户常常考核公司实力，这是软性指标。这家公司在全球只有几千人，远比不上有 40 万员工的 IBM。这家公司的策略是不去比较员工人数、营业收入这些有明显劣势的指标，而是询问公司实力是指公司规模还是专业实力。员工人数虽多，但是不是与这个信用卡外包相关？如果选择专业能力，是否用成功案例更加合理？最终客户接受了这个观点，这家几千人的公司在公司实力方面的得分竟然超过了大型跨国公司。在后面的案例中，我们可以看到这个引导之后的评分细则。

购买标准的变化

客户的购买标准随着经验积累会不断地发展和变化，这就是所谓的"久病成医"。我可以再用相亲举例：18岁的时候主要看外表，以及有没有共同的兴趣爱好；28岁时社会经验多，学会了看人品，变得实际一些，会考虑经济条件；38岁看性格；68岁看健康。择偶标准随着年龄的改变而改变。客户的购买标准也是这样，新客户容易被忽悠，随着购买经验的提升，其购买标准越来越细化，我们很难引导，只能通过创新和产品迭代才能驶入蓝海，这是研发部门的职责，并非销售部门可以独自解决的。

雷士照明、罗格朗、大金空调的目标客户都是房地产企业。以前有的房地产企业分公司各自采购，采购指标各不相同，存在极大差异，销售团队也极易与客户沟通并引导其采购指标。随着客户购买经验的积累，渐渐统一集中招投标进行采购，由规划设计院设计购买标准，越来越细化和专业，厂家按照规格招投标。这既可以保证产品质量，又可以压低购买成本。客户更多听取专家评委意见，极难被厂家引导。

我在IBM公司时也经历过这样的变化，以前各个省分散购买，我们总能建立关系，引导客户的购买标准，以获得相对合理的价格和利润。后来，客户购买经验丰富了，全国集中采购就是赤裸裸的价格"血战"，利润越来越薄，我们的折扣常常可以达到一折，这意味着以前100万美元的产品，现在只能卖到10万美元。

特别要注意的是，很多人尤其很多客户都认为购买标准越全面、越细化越量化越好，简单的、不全面的、模糊的购买标准就不好，这是一个错误的概念。购买标准过少，采购随意，或者购买标准过于全面、标准过高，恐怕都不是最好的选择。

集中采购并非总是对客户有利，现在政府采购越来越成熟，大都通过招投标购买。一家著名的全国性媒体提出购买笔记本电脑的需求，交给第三方招投标公司，购买过程严格遵守招投标要求，结果买到的笔记本电脑总是不理想，搞的一线采编人员苦不堪言。可以想象一下，在记者招待会上，其他媒体拿出轻薄的苹果电脑，这家单位的记者却拿出3000多元的2千克的三线品牌笔记本电脑，难免自惭形秽。相反，招商银行和工商银行就有着不同的招投标策略，虽然多花一些钱，却能够给最终使用者配备其喜欢的产品。对招投标的引导，对客户和厂家都有益处，否则就易变成赤裸裸的价格竞争，最终不利于客户的购买。

购买标准和竞争壁垒

在上一节里，我们介绍了购买标准对客户的采购至关重要，但是很多销售人员并不参与客户购买标准的制定，而是在拿到客户需求后直接做方案和报价。事实上，在传统的销售方法论中，满足需求和创造价值是销售核心，很少用到竞争博弈的方法。

帮助客户建立购买标准，可以避免客户因考虑不周带来的购买失败。但很多销售人员急于卖出产品，也不管客户是否称心如意，比如顾客在买衣服的时候询问店员："这件衣服好看吗？"大多数服务员都会说"好看极了"，只有极少数的店员会询问"您在什么场合穿？哪种颜色比较搭配您的肤色？"我们大可耐心一些，不必着急地推销产品，而应通过提问帮助客户建立完整和科学的购买标准，真正为客户创造价值。

销售团队常不善于引导购买标准

销售团队不善于引导购买标准和绩效考核方式有一定的关系，传统的绩效考核以销售收入为主，利润只占较小的百分比，所以在面对竞争的时候，销售人员更喜欢向公司申请低价，而非创造竞争壁垒，因为后者显然比申请低价的难度更高。这是销售不善于引导购买标准的一个原因。

销售人员总是先了解自己的产品和价格，再去了解客户需求，而对竞争对手的产品常常"两眼一抹黑"，要引导购买标准都无从入手，这是销售不善于引导购买标准的另一个原因。企业产品培训绝不能只培训自己的产品，也要做好竞争对手情报分析，加强对竞争对手产品的培训。

引导购买标准有利于销售

商场如战场，"交战"无非三种情况。第一种情况是我们进入竞争对手的布局，处于不利的情况，即使击败对手也是"杀敌一千，自损八百"，赢了订单却输了利润。第二种情况是客户主导采购指标的设定，我们和竞争对手狭路相逢，短兵相接，拼个你死我活。第三种情况是竞争对手掉入我们的陷阱，我们利用优势铸成堡垒，为对手埋好地雷，取得真正的胜利。

当我们创造出隔开竞争对手的"海洋"，建立了竞争壁垒时，我们的销售就会变得容易。竞争壁垒不是凭空创造出来的，而是来自客户的购买标准，加以引导才能保护我们。

破解同质化竞争的关键

客户确定购买时间和预算之后，将货比三家，以避开购买陷阱，进而获得最佳的购买价格和服务承诺。比如，顾客在汽车专卖店更换轮胎的时候，会拿出手机搜索出相同产品的报价用来讨价还价。这已经成为客户保护自己利益的手段，客户总是试图寻找相同的产品来比价，这是同质化竞争的起因。

客户寻找类似产品比价，会导致同质化竞争。我们听到过太多对手对降价的抱怨，其实产品同质化是一个伪命题。产品是为了满足客户的需求，但客户又各不相同，比如在手机成为"街机"的时候，我们总期待手机有全新的设计，客户总是标新立异，喜新厌旧的。差异化竞争是企业获得利润的不二良方，也是走出性价比怪圈为客户创造价值的关键。戴尔公司有一段时间在全球的市场份额排名第二，利润却是业界平均利润水平的两倍以上。戴尔公司采用按订单生产的模式，按需配置，鼓励客户选配差异化的内存、显卡和服务，即使在运输方式上也提供七天的陆路运输和两天的航空运输两种选择，但价格各不相同（以前的物流速度和现在不能相提并论，现在在购物网站下订单后，第二天产品就可以送达）。竞争对手陷入了十分为难的境地，不降价，销量持续下降，降价便要赔钱。走投无路之际，对手只好寻求并购，降低运营成本。同样的道理，现在的苹果公司凭借 iOS 的差异化，虽然市场份额常常排名第二，但获得的利润远远超过其他厂家利润的总和。

寻求差异化、避免同质化，才是真正的以客户为中心。客户有时是表里不一的，口口声声用同质化来杀价，内心却渴望与众不同的产品。顺便说一句，总说产品同质化的销售人员，一般都来自那些产品培训不完善的企业，那些产品培训做得好的企业销售人员，总是能够说出大量的差异化内容。我曾经研究过安利公司的销售模式，从简单的洗涤剂到相对复杂的空气净化器和饮水机，安利公司的销售人员总能说出产品巨大的差异化。这就能解释为什么安利公司的空气净化器比某些品牌的产品贵了数倍。差异化和竞争壁垒不是我们凭空创造出来的，而是天然存在的，这就是客户的购买标准。

招投标

对于大中型采购，客户通常采用招投标的方式，流程服务于决策者的商业利益，但招投标规则并非铁律，而是客户与厂家斗智斗勇的结果。客户常与多个供应商沟通，完善购买标准，再让厂家提供商务条件，以期达到最佳的购买结果。客户偏向于关注投资回报率，只要能够为客户创造价值，它们便愿意修正购买标准。在大型采购中，客户邀请专家书写标书，要求厂家提供书面的方案和产品配置进行招投标。政府采购越来越正规，随着"反腐倡廉"力度的加强，招投标趋向于公正、公平、公开，避免暗箱操作将成为现实。国务院于2012年2月实施，在2019年修订的《中华人民共和国招标投标法实施条例》（以下简称《条例》），详细规定了招投标的流程，这里只列出了一些重点的内容。

│招投标范围│

招投标可确保客户的利益。厂家为了避免"刺刀见红"，常希望能够规避招投标，为了避免厂家和客户勾结，《中华人民共和国招标投标法实施条例》详细规定了不必招投标的几种条件，几乎将所有的政府和央企的采购纳入招投标的范围，除非厂家具有不可替代的独特技术和资质，或者客户升级改造原有项目。以下内容来自《中华人民共和国招标投标法实施条例》：

第八条　国有资金占控股或者主导地位的依法必须进行招标的项目，应当公开招标；但有下列情形之一的，可以邀请招标：

（一）技术复杂、有特殊要求或者受自然环境限制，只有少量潜在投标人可供选择；

（二）采用公开招标方式的费用占项目合同金额的比例过大。

有前款第二项所列情形，属于本条例第七条规定的项目，由项目审批、核准部门在审批、核准项目时作出认定；其他项目由招标人申请有关行政监督部门作出认定。

第九条　除招标投标法第六十六条规定的可以不进行招标的特殊情况外，有下列情形之一的，可以不进行招标：

（一）需要采用不可替代的专利或者专有技术；

（二）采购人依法能够自行建设、生产或者提供；

（三）已通过招标方式选定的特许经营项目投资人依法能够自行建设、生产或者提供；

（四）需要向原中标人采购工程、货物或者服务，否则将影响施工或者功能配套要求；

（五）国家规定的其他特殊情形。

招标人为适用前款规定弄虚作假的，属于招标投标法第四条规定的规避招标。

招投标流程

为了避免有人操控招投标，《条例》还对招投标流程做了详细的规定：

第十六条 招标人应当按照资格预审公告、招标公告或者投标邀请书规定的时间、地点发售资格预审文件或者招标文件。资格预审文件或者招标文件的发售期不得少于 5 日。

第十八条 资格预审应当按照资格预审文件载明的标准和方法进行。

国有资金占控股或者主导地位的依法必须进行招标的项目，招标人应当组建资格审查委员会审查资格预审申请文件。资格审查委员会及其成员应当遵守招标投标法和本条例有关评标委员会及其成员的规定。

第十九条 资格预审结束后，招标人应当及时向资格预审申请人发出资格预审结果通知书。未通过资格预审的申请人不具有投标资格。

通过资格预审的申请人少于 3 个的，应当重新招标。

第二十一条 招标人可以对已发出的资格预审文件或者招标文件进行必要的澄清或者修改。澄清或者修改的内容可能影响资格预审申请文件或者投标文件编制的，招标人应当在提交资格预审申请文件截止时间至少 3 日前，或者投标截止时间至少 15 日前，以书面形式通知所有获取资格预审文件或者招标文件的潜在投标人；不足 3 日或者 15 日的，招标人应当顺延提交资格预审申请文件或者投标文件的截止时间。

第二十二条 潜在投标人或者其他利害关系人对资格预审文件有异议的，应当在提交资格预审申请文件截止时间 2 日前提出；对招标文件有异议的，应当在投标截止时间 10 日前提出。招标人应当自收到异议之日起 3 日内作出答复；作出答复前，应当暂停招标投标活动。

第二十四条　招标人对招标项目划分标段的，应当遵守招标投标法的有关规定，不得利用划分标段限制或者排斥潜在投标人。依法必须进行招标的项目的招标人不得利用划分标段规避招标。

第二十六条　招标人在招标文件中要求投标人提交投标保证金的，投标保证金不得超过招标项目估算价的2%。投标保证金有效期应当与投标有效期一致。

依法必须进行招标的项目的境内投标单位，以现金或者支票形式提交的投标保证金应当从其基本账户转出。

招标人不得挪用投标保证金。

第三十条　对技术复杂或者无法精确拟定技术规格的项目，招标人可以分两阶段进行招标。

第一阶段，投标人按照招标公告或者投标邀请书的要求提交不带报价的技术建议，招标人根据投标人提交的技术建议确定技术标准和要求，编制招标文件。

第二阶段，招标人向在第一阶段提交技术建议的投标人提供招标文件，投标人按照招标文件的要求提交包括最终技术方案和投标报价的投标文件。

招标人要求投标人提交投标保证金的，应当在第二阶段提出。

第三十二条　招标人不得以不合理的条件限制、排斥潜在投标人或者投标人。

招标人有下列行为之一的，属于以不合理条件限制、排斥潜在投标人或者投标人：

（一）就同一招标项目向潜在投标人或者投标人提供有差别

的项目信息；

（二）设定的资格、技术、商务条件与招标项目的具体特点和实际需要不相适应或者与合同履行无关；

（三）依法必须进行招标的项目以特定行政区域或者特定行业的业绩、奖项作为加分条件或者中标条件；

（四）对潜在投标人或者投标人采取不同的资格审查或者评标标准；

（五）限定或者指定特定的专利、商标、品牌、原产地或者供应商；

（六）依法必须进行招标的项目非法限定潜在投标人或者投标人的所有制形式或者组织形式；

（七）以其他不合理条件限制、排斥潜在投标人或者投标人。

第三十三条　投标人参加依法必须进行招标的项目的投标，不受地区或者部门的限制，任何单位和个人不得非法干涉。

第三十四条　与招标人存在利害关系可能影响招标公正性的法人、其他组织或者个人，不得参加投标。

单位负责人为同一人或者存在控股、管理关系的不同单位，不得参加同一标段投标或者未划分标段的同一招标项目投标。

违反前两款规定的，相关投标均无效。

｜预防串标和内外勾结｜

条例对串标做了预防。

第三十九条　禁止投标人相互串通投标。

有下列情形之一的，属于投标人相互串通投标：

（一）投标人之间协商投标报价等投标文件的实质性内容；

（二）投标人之间约定中标人；

（三）投标人之间约定部分投标人放弃投标或者中标；

（四）属于同一集团、协会、商会等组织成员的投标人按照该组织要求协同投标；

（五）投标人之间为谋取中标或者排斥特定投标人而采取的其他联合行动。

第四十条　有下列情形之一的，视为投标人相互串通投标：

（一）不同投标人的投标文件由同一单位或者个人编制；

（二）不同投标人委托同一单位或者个人办理投标事宜；

（三）不同投标人的投标文件载明的项目管理成员为同一人；

（四）不同投标人的投标文件异常一致或者投标报价呈规律性差异；

（五）不同投标人的投标文件相互混装；

（六）不同投标人的投标保证金从同一单位或者个人的账户转出。

第四十一条　禁止招标人与投标人串通投标。

有下列情形之一的，属于招标人与投标人串通投标：

（一）招标人在开标前开启投标文件并将有关信息泄露给其他投标人；

（二）招标人直接或者间接向投标人泄露标底、评标委员会成员等信息；

（三）招标人明示或者暗示投标人压低或者抬高投标报价；

（四）招标人授意投标人撤换、修改投标文件；

（五）招标人明示或者暗示投标人为特定投标人中标提供方便；

（六）招标人与投标人为谋求特定投标人中标而采取的其他串通行为。

第四十二条 使用通过受让或者租借等方式获取的资格、资质证书投标的，属于招标投标法第三十三条规定的以他人名义投标。

投标人有下列情形之一的，属于招标投标法第三十三条规定的以其他方式弄虚作假的行为：

（一）使用伪造、变造的许可证件；

（二）提供虚假的财务状况或者业绩；

（三）提供虚假的项目负责人或者主要技术人员简历、劳动关系证明；

（四）提供虚假的信用状况；

（五）其他弄虚作假的行为。

条例也对专家评委的选择、保密、回避、投诉做出了规定。

第四十四条 招标人应当按照招标文件规定的时间、地点开标。

投标人少于 3 个的，不得开标；招标人应当重新招标。

投标人对开标有异议的，应当在开标现场提出，招标人应当当场作出答复，并制作记录。

第四十五条 国家实行统一的评标专家专业分类标准和管理办法。具体标准和办法由国务院发展改革部门会同国务院有关部门制定。

省级人民政府和国务院有关部门应当组建综合评标专家库。

第四十六条 除招标投标法第三十七条第三款规定的特殊

招标项目外，依法必须进行招标的项目，其评标委员会的专家成员应当从评标专家库内相关专业的专家名单中以随机抽取方式确定。任何单位和个人不得以明示、暗示等任何方式指定或者变相指定参加评标委员会的专家成员。

依法必须进行招标的项目的招标人非因招标投标法和本条例规定的事由，不得更换依法确定的评标委员会成员。更换评标委员会的专家成员应当依照前款规定进行。

评标委员会成员与投标人有利害关系的，应当主动回避。

有关行政监督部门应当按照规定的职责分工，对评标委员会成员的确定方式、评标专家的抽取和评标活动进行监督。行政监督部门的工作人员不得担任本部门负责监督项目的评标委员会成员。

第四十八条　招标人应当向评标委员会提供评标所必需的信息，但不得明示或者暗示其倾向或者排斥特定投标人。

招标人应当根据项目规模和技术复杂程度等因素合理确定评标时间。超过三分之一的评标委员会成员认为评标时间不够的，招标人应当适当延长。

评标过程中，评标委员会成员有回避事由、擅离职守或者因健康等原因不能继续评标的，应当及时更换。被更换的评标委员会成员作出的评审结论无效，由更换后的评标委员会成员重新进行评审。

第四十九条　评标委员会成员应当依照招标投标法和本条例的规定，按照招标文件规定的评标标准和方法，客观、公正地对投标文件提出评审意见。招标文件没有规定的评标标准和方法不得作为评标的依据。

　　评标委员会成员不得私下接触投标人，不得收受投标人给予的财物或者其他好处，不得向招标人征询确定中标人的意向，不得接受任何单位或者个人明示或者暗示提出的倾向或者排斥特定投标人的要求，不得有其他不客观、不公正履行职务的行为。

　　第五十条　招标项目设有标底的，招标人应当在开标时公布。标底只能作为评标的参考，不得以投标报价是否接近标底作为中标条件，也不得以投标报价超过标底上下浮动范围作为否决投标的条件。

　　第五十三条　评标完成后，评标委员会应当向招标人提交书面评标报告和中标候选人名单。中标候选人应当不超过3个，并标明排序。

　　评标报告应当由评标委员会全体成员签字。对评标结果有不同意见的评标委员会成员应当以书面形式说明其不同意见和理由，评标报告应当注明该不同意见。评标委员会成员拒绝在评标报告上签字又不书面说明其不同意见和理由的，视为同意评标结果。

　　第五十四条　依法必须进行招标的项目，招标人应当自收到评标报告之日起3日内公示中标候选人，公示期不得少于3日。

　　投标人或者其他利害关系人对依法必须进行招标的项目的评标结果有异议的，应当在中标候选人公示期间提出。招标人应当自收到异议之日起3日内作出答复；作出答复前，应当暂停招标投标活动。

　　第五十五条　国有资金占控股或者主导地位的依法必须进行招标的项目，招标人应当确定排名第一的中标候选人为中标人。

排名第一的中标候选人放弃中标、因不可抗力不能履行合同、不按照招标文件要求提交履约保证金，或者被查实存在影响中标结果的违法行为等情形，不符合中标条件的，招标人可以按照评标委员会提出的中标候选人名单排序依次确定其他中标候选人为中标人，也可以重新招标。

第五十七条 招标人和中标人应当依照招标投标法和本条例的规定签订书面合同，合同的标的、价款、质量、履行期限等主要条款应当与招标文件和中标人的投标文件的内容一致。招标人和中标人不得再行订立背离合同实质性内容的其他协议。

招标人最迟应当在书面合同签订后 5 日内向中标人和未中标的投标人退还投标保证金及银行同期存款利息。

第六十条 投标人或者其他利害关系人认为招标投标活动不符合法律、行政法规规定的，可以自知道或者应当知道之日起 10 日内向有关行政监督部门投诉。投诉应当有明确的请求和必要的证明材料。

就本条例第二十二条、第四十四条、第五十四条规定事项投诉的，应当先向招标人提出异议，异议答复期间不计算在前款规定的期限内。

第六十一条 投诉人就同一事项向两个以上有权受理的行政监督部门投诉的，由最先收到投诉的行政监督部门负责处理。

行政监督部门应当自收到投诉之日起 3 个工作日内决定是否受理投诉，并自受理投诉之日起 30 个工作日内作出书面处理决定；需要检验、检测、鉴定、专家评审的，所需时间不计算在内。

投诉人捏造事实、伪造材料或者以非法手段取得证明材料进行投诉的，行政监督部门应当予以驳回。

违反招投标的案例

　　人为财死，鸟为食亡，由于招投标牵扯到巨大的利益，尽管各国在不断完善法律法规，但仍然有各种各样的手段和事件层出不穷。美国有史以来最著名的自杀事件就与招投标有关，成千上万的美国人从电视上目睹了这一过程。罗伯特·巴德·德怀尔大学毕业后不久，就开始了一帆风顺的政治生涯，先后当选为宾夕法尼亚州的众议员和参议员，并从 1981 年起担任宾夕法尼亚州财政部部长，一时风光无限。在一个州政府的采购项目中，加利福尼亚州计算机技术协会被宣布为州政府合同的中标者，然而这家企业性质的协会只是一家规模极小的、没有经验的公司，成交价格却达到了 460 万美元。根据调查，检察官认定这家公司向德怀尔支付了 30 万美元的回扣才得到了这个合同。德怀尔大喊冤枉，声称被陷害。但是，法院在充分调查后认为德怀尔罪名成立，判处最高 55 年徒刑和 30 万美元罚款。判决原定于 1987 年 1 月 23 日，由美国地方法院执行。在判决宣布前一天，即 1987 年 1 月 22 日，德怀尔在宾夕法尼亚州首府哈里斯堡召开了一场新闻发布会，邀请数十位记者出席，但没有告知主题。

　　这天早上，德怀尔人生的最后一场新闻发布会按时举行。记者纷纷架起摄像机和相机，认为将看到他宣布辞职。德怀尔表情紧张，宣读了一份长达 21 页的文案，宣称自己是清白的。冗长的宣读进行了将近 30 分钟，有些记者准备收拾行装离开。德怀尔发现了这一点，立即说道："那些把相机拿走的人，我认为您应该留下来，因为我们还没有完成这次发布会。"他接着宣布："我将在办公室内死去，请在美国的每家电台、电视台和报纸杂志上讲我的故事。"

　　德怀尔掏出一个黄色大信封，从里面拿出一把左轮手枪。他举起枪平静地对人群说："请离开房间，如果这会影响您的话。"

房间里开始混乱，一些人打算离开，一些人恳求他交出枪支，另一些人则试图接近并抢夺他的武器。德怀尔警告众人不要动，他的最后一句话是："不要，不要，不要，这会伤害别人。"随即迅速向自己开了一枪，倒地死亡。五台新闻摄影机拍下了这一幕，在午间新闻里播放了德怀尔自杀的未剪辑画面，成千上万美国人被震惊。正巧那天宾夕法尼亚州下大雪，许多孩子提早放学回家，也看到了血腥的画面，无数家长愤怒指责电视台，引起了轩然大波。

德怀尔真的是因为操控招投标流程，受到冤枉愤而自杀吗？德怀尔自杀后，他的妻子和两个孩子领取到的全部福利金，总额超过128万美元，这是当时是宾夕法尼亚州有史以来支付的最大一笔死亡抚恤金。但如果德怀尔被判刑，州法律将禁止支付这笔钱。美国人普遍认为，德怀尔是为了保护家人才选择了自杀。通过这个案例，我们可以看到招投标的残酷和可怕，利益太大了，很多人或者企业不惜以身犯险。不违法始终是我们的底线，但我们也要提防竞争对手采取不正规的手段。

政府招投标的变化趋势

党的十八大之后，政府对招投标的管控越来越严格。首先，招投标覆盖更广泛，比如建设银行以往各个分行或者支行可以自行购买电脑设备，如今大量采购集中到了总行，有时会一次性地购买数亿元的电脑设备。根据业内人士估计，如果分散购买，购买金额将大大超过集中采购的开支。其次，客户在购买中的作用受到限制，提出购买需求之后，由招投标公司组成专家评委进行采购，客户失去了最终购买的发言权。购买标准越来越公正，纪委干部坐镇，如果哪项标准不合理，厂家随时可以提出申述。排他性指标难以操作，以往招投标对企业资质有明确的要求，但是政府鼓励中小企业发展，公司注册资金、员工人数和销售收入都不能作为评估标准。对于标准和成熟的产品，价格占的比重越来越大，常常是最低价者中标。针对政府招投标的变化，销售工作显然要有所变化，这体现在以下四个方面。

客户

在严格的政府招投标中，客户不再是压倒性的一方，他们有时会从招投标和谈判过程中退出来，只是对需求进行诠释。但不同行业差别极大，比如医疗系统购买复杂的医疗设备时，人命关天，招投标公司非常注重医院方的意见。我们还是应该做通客户的工作，掌握客户的预算和招投标的标底。

专家评委

针对不同行业，应该有针对性地研究客户专家库，利用展览和行业交流与专家评委建立联系并取得认可。这些工作往往不是针对一个订单，因此长期而又广泛，很难由销售人员独立完成，所以应该在市场部制订计划，统一推进。这一点在医疗市场非常重要，比如一家企业是运动健康行业的领头羊，有长期的计划，建立专家库，定期举办市场活动，邀请各位专家参加，销售团队着力于长期维护和学术权威的关系。这个圈子很小，招投标见面时，由于专家早就对这家企业的产品了如指掌，于情于理都会加分。

招投标公司

曾经有一家招投标公司邀请我授课，我十分惊讶，我服务的对象都是企业，很少遇到招投标公司。课程结束之后，该公司制定出一些纪律来限定招投标的行为，比如不能充当企业内线、不能透露评分细则等。然而，厂家和客户之间并非永远对立，而应该像恋人一样，互相协助和双赢才是相处之道。厂家和客户还是应该做好沟通，了解招投标规则，保持良好的互动关系。一般来讲，招投标公司对采购结果的影响不大，只要保持正常工作关系即可。

代理商和厂商的关系

当有代理商介入招投标的时候，其夹在客户和厂商之间，地位极其尴尬。一方面，代理商很可能推荐一模一样的产品，彻底同质化；另外一方面，价格由厂家主导，很难给代理商留下足够的利润空间。代理商为破局，常采取极端措施："狸猫换太子"，更换零部件获取利润；或者在招投标后变更协议以攫取利润；更有甚者，代理商与厂家销售代表勾结，牺牲厂家折扣，大家瓜分利益。这些行为都是过度竞争导致的负面结果。这是双输的结果，厂家无利可图，违背了商业本质，客户得到质次价低的产品，市场劣币驱逐良币。

招投标的计分方式

一般来说，招投标的计分包括三个部分：商务分、技术分和价格分。商务分是对投标人的资格审查，比如公司实力和资质证明；技术分取决于投标方的技术水平与招投标文件要求间的差距；价格分是根据报价和折扣，按照规定的公式计算出的得分。帮助客户建立购买标准，提升技术分和商务分，既可以帮助我们赢得订单，又可以避免不分青红皂白地杀价。但很多人总会要求公司降价，赢了是自己的功劳，输了便将责任推卸给公司的价格。我们应该先了解三种最常见的价格分计算方法，再申请投标价格，或者由主管在批复折扣的时候，询问客户的价格分计算方法。

最低价中标

满足技术要求的厂家中最低价者中标是客户极为看重减少购买成本时的招投标方式。然而，这种方式极不科学，常导致供应商偷工减料，影响产品质量。一分价钱一分货，我曾在北京购买了一套房产，这家房地产企业采用最低价中标的方式，导致电梯、空调和地板出现严重质量问题。楼房电梯常有故障和停驶问题，地板一年之内基本起翘，开发商不得不全部更换；室内空调最要命，噪声极大并且不制冷，经过反复投诉，房地产企业改造房间，增加隔音层，耗费了巨大的费用，还有好几位工程师专门负责处理客户投诉。我猜测，维修和更换产品所花费的资金就数倍于当时节省的购买地板的费用。

曾有一段时间，一些中小学通过招投标采购并铺设塑胶跑道，投入使用后，气味刺鼻，孩子们流鼻血、咳嗽和皮肤过敏，毒跑道事件频发。2016 年 6 月，中央电视台《经济半小时》节目调查发现，这些毒跑道中含有重金属和有毒化学物质，甲苯和二甲苯超标 139 倍。央视记者在暗访生产厂商时看到，散发臭气的废轮胎和电缆等橡胶垃圾被打成颗粒作为塑胶跑道的材料。性能好并且安全的塑胶跑道价格应该在每平方米 280 元左右，但实际招投标的价格低于每平方米 150 元。当客户采用最低价者中标的时候，企业只有压低成本才能中标。

最低价者中标将会形成劣币驱逐良币的效应，最终对客户造成灾难性的后果，可是很多客户不明白这个道理，仍固执己见。对于这种情况，我们应该耐心劝说客户，千万不可偷工减料、降低质量以减少成本，因为这必将自吞苦果。

前面谈到某家银行全国统一集中采购电脑设备，采用最低价中标的方式，很难购买到联想、惠普和戴尔这种主流的产品，反而让一些三线厂家存活下来，而它们的产品连普通消费者都不买。每台笔记本的价格在 3000 元左右，又重又沉，配发下去后故障连连，售后服务也没有保证，引发终端用户的严重不满，采购部门不得不改变招投标方式。

在正常情况下，高品质的产品一定由高品质的原材料、高品质的工艺和技术组成，高品质的原材料和工艺的成本必然高。

最低基价法

最低基价法是常见的计算招投标分数的方式，首先确定技术、商务的分值（商务分包涵价格分），比如技术 65 分、价格 35 分，根据公式计算出厂家的价格得分。下面的公式是一家银行的招投标评分细则，很有参考意义。

$$报价得分 = 满分 - （报价 - 基价）\times 满分 \div 基价$$

（满分为 35 分，基价为最低报价；最低得 0 分，报价超预算得 0 分）

假设 A 厂家报价 100 万元，B 厂家报价 120 万元，C 厂家报价 150 万元。A 厂家分数最低得满分 35 分，B 厂家为 28 分，C 厂家为 17.5 分。当精准地估出最低报价之后，基本可以算出自己的得分，再结合技术分的领先程度，大概可以估出合理的报价。这种计分方式试图追求价格和技术要求的平衡，却难以应对围标，只要某个厂商报出超低价格或者超高价格，计分体系就会被打乱，变得不可参考。在上面的案例中，假如 A 厂家报出了 10 万元的最低价，理所当然地成为基价，A 厂家得分 35 分，B 厂家和 C 厂家的价格分就都将为 0 分，公式毫无意义。厂家得分只取决于每个厂家的报价，与客户购买预算毫无关联，根本不合逻辑，受到厂家报价的影响，厂家可以合法地邀请其商业伙伴压低或抬高基价，进而对招投标进行一定程度的操控和干扰。

线性插值法

我曾经研究过广电系统为有线电视用户采购数十万台机顶盒的案例，其采用线性插值法计算价格分，是一个非常典型的案例，以下是其计分方式。

招标人设采购控制价，在采购控制价 100% ～ 90% 范围内的投标报价参与评标基准值计算，在采购控制价 100% ～ 90% 范围内投标报价的算术平均值（若投标单位超过 5 家，则去掉一个最高分和一个最低分）和招标人的采购控制价相加除以 2 作为评标基准值（若投标人的投标报价全部都没有进入采购控制价 100% ～ 90%（含 100% 和 90%）的范围内，则评标基准值＝招标控制价 ×95%）。

投标报价与评标基准值相比，等于评标基准值时得 26 分；高于评标基准值时，每高 1% 从基本分上扣 1 分，扣完为止；低于评标基准值时，每低于评标基准值 1% 从基本分上加 1 分，最多加 4 分；低于评标基准值 4% 时（不含 4%），按每低 1% 在 30 分的基础上扣 0.5 分的比例进行扣分，扣完为止。

这种计算方式不以最低价作为基价，而是将购买预算（采购控制价）和厂家报价的平均值作为基价，考虑了客户和厂家两方面的情况，十分合理。去掉最高价和最低价的机制，避免了恶性围标。价格越高得分递减，抑制了厂家价格虚高；价格越低得分越高，但又设置了最高加分额度，既鼓励了厂家价格竞争，又避免了恶意的低价低质竞争。这是国际主流的招投标方式，常为正规的招投标所采纳。

客户采用线性插值法，也是"吃一堑长一智"的结果。这家广电公司曾有一轮采购时采用最低基价法进行招投标，购买了几十万台机顶盒，但产品质量不过关，遥控器不好用，有线电视用户大批量维修和退货，给其带来了巨大的维护成本和投诉。尤其是电视台并非商业机构，一些时政新闻类节目具有很强的政治意义，大规模收视中断造成了极其恶劣的政治影响，因此公司意识到，购买价低质劣的产品根本不划算，从此改弦更张，采用了更科学的招投标方式。

竞标中的报价策略

很多人在搞不清客户价格分计算方式的情况下就申请低价，如果客户采用线性插值法，过低的价格反而失分。不同的计算方式有完全不同的报价策略，做足技术分和商务分，尽量取得技术优势，在报价时还要分析竞争对手的报价，反复推演标书和评分细则，估算出我们领先或者落后的分数差距，再根据价格分计算公式，申请合理和稳妥的报价。

我们不应该在价格上反复纠缠，应将注意力转向帮助客户建立购买标准，引导其选择合适的采购指标，建立竞争壁垒上，这在小型购买和大型招投标中都极其重要。

建立购买标准

　　在一次大型公开课上，一位销售建材的老板突然举起手问我："老师，我的店面装修豪华，服务好，但是大理石都一样，价格会比其他材质高一些，很多客户看看就走了，我该怎么办？"我请她上台扮演顾客，为她演示如何帮助客户建立购买标准。我避开介绍产品，转向购买标准的建立。

　　销售人员："欢迎光临，您看些什么？"

　　顾客："随便看看。"

　　销售人员："大理石有很多种，有进口的、国产的、天然的，还有人造的，您想看哪种？"

　　销售人员："天然的和人工的，您知道怎么分辨吗？"

　　顾客："怎么分辨？"

　　销售人员："您来看，这种大理石颜色艳丽但不自然，没有色差，这就可能是人造大理石。另外从大理石侧面看，有颜色渗透的层次，很可能是人造的，亮泽度也低于天然石材，您能分辨出来吗？"

　　顾客："我怎么看着都差不多？"

　　销售人员："那您还可以敲一下，听声音，天然石材敲击声清脆悦耳，人造大理石内部存在细微裂隙或因风化导致颗粒间接触变松，敲击声粗哑。还有最后一招儿，在石材背面滴一滴墨水，墨水很快四处分散浸出，这是好的还是不好的石材？"

顾客："应该是不好的吧。"

销售人员："人工大理石用一层薄膜覆盖，墨水滴上去不会扩散，时间长了就会开裂。而天然大理石是可以吸收墨水的。"

顾客："谢谢啊，我再看看。"（转到其他建材店，过了一会儿跑回来，喊着"那个店太坏了，不让我滴墨水"。）

我们通过有趣而实用的对话，唤起了客户兴趣，用"一看、二摸、三听、四滴"的方式，帮助他们建立起了购买标准，当顾客采用了这套标准的时候，我们显而易见地占据了优势。

安利公司就很善于帮助客户建立购买标准，我为了打入他们内部，曾购买了净水器和空气净化器，以研究其销售方法。他们有非常强大的销售套路，常用魔术般的手法来进行产品对比，彰显其公司产品的优势。比如将用安利净水器处理过的饮用水与其他矿泉水进行沉淀物的比较，证明安利净化过的水更加纯净；他们还用安利清洗剂漂洗衣服，让客户检查清洗的效果。我不知道这些方法是否做了手脚，也不知道这些方法是否科学，但是安利的行为方法确实给我留下了深刻的印象。

创建购买标准十分重要，但大多数企业没有针对这个整理并研究出销售话术，销售人员还是采用推销的做法生硬地推荐产品，而不是站在客户角度销售，这是令人十分遗憾的现状。帮助客户建立购买标准不仅对我们有利，还可以帮助客户避开购买陷阱。购买标准是客户需求的延伸，如果没有厂家的协助，客户无法提出购买标准。既要做出模板又要与客户沟通才能在客户设计购买标准的时候为他们创造价值。

竞争矩阵和竞争策略

爱康国宾公司是国内领先的体检机构，我曾组织过一次内部演练，把销售团队分成两组，一组扮演爱康国宾公司，另一组扮演三甲医院，互相攻防。爱康国宾公司的优势是实力强，服务好，有完善的体检后服务。三甲医院的优势也是实力强，检查更精准，可以实现体检和治疗的衔接。两组辩论得十分激烈，为了谁的实力更强争得面红耳赤。一方强调自己是三甲医院，实力不容置疑；另一方强调自己每年体检人数数十万，是这家三甲医院的几十倍，在体检方面的专业能力更强。后来，双方辩论的话题又转到了体检的精准度，扮演三甲医院的一方指出，去年有一位员工在体检中没有查出来，后来到了三甲医院才发现病情，扮演爱康国宾的一方强调，发病本来就有潜伏期，过几个月查出来并不能证明体检不精准。

面对激烈的辩论，扮演客户的那组一脸懵懂，他们关心的不是这些，他们更关心三甲医院的套餐是固定的，不能根据员工要求进行调整，这是体检的全面性，双方却一直在辩论其他的购买标准。

显然辩论双方都忽略了客户，注意力只放在辩论本身。实力到底指的是什么？爱康国宾是国内顶尖的体检机构，另一家是三甲医院，在客户看来都很有实力，我们应该先搞清楚哪些购买标准对客户更重要。另外，所谓的优势劣势是相对的，比如竞争对手是另一家体检机构还是一家三甲医院，在不同的对手面前，优势可能变成了劣势，劣势也可能变成了优势。

在小型采购中，帮助客户建立三个最重要的购买标准常常就足以赢得订单。对于大型采购，客户标书中的购买标准非常复杂，但更加复杂的是评分细则。我们需要详尽地分析客户的购买指标，制定出竞争策略。表 6-1 是一家银行购买外包服务的招投标文件，我们用这个案例来分析竞争策略。

表 6-1　某银行招投标文件

评审项	评审指标	分值	评分细则
公司实力	大型银行案例	3	近 5 年做过国内大型银行相关案例的，每个得 1 分，最多不超过 3 分；没有的不得分。需提供合同复印件
	其他同业案例	2	近 5 年做过其他银行案例的，每个得 0.5 分，最高不超过 2 分；没有的不得分。需提供合同复印件
专家团队	人力资源投入	4	至少有 2 名外籍资深专家参与项目，满足人数要求得 2 分，每多提供 1 名加 1 分，最多不超过 4 分
	专家资质	4	核心专家有超过 15 年规划及实施经验的，得 4 分；超过 10 年规划及实施经验的，得 2 分；否则不得分
	参与方式	4	保证在项目期内的工作时段内 100% 的时间采用现场办公方式的，得 4 分；否则不得分
	人员稳定	3	承诺在项目实施期内未经同意，项目组人员不得随意更换，满足得 3 分；否则不得分
		3	承诺在项目实施期内，项目组人员不能满足要求时应及时更换人员，满足得 3 分；否则不得分
项目支持	需求理解	3	能够准确理解项目需求的，得 3 分；有一处错误扣 1 分，扣完为止
	项目经理	1	配备固定的全职项目管理人员的，得 1 分；配备固定的兼职项目管理人员的，得 0.5 分；否则不得分

表 6-1 中我删除了不宜公开的机密信息和一些细则（所以总分不是 100 分）。通过表 6-1 可以清晰看出客户是如何设定评分细则的。由于客户购买的整体解决方案大多数是软性指标，所以我们应该先向客户了解购买标准，有针对性地做出方案，确保技术得分。

在这个招投标要求和评分细则之中，公司实力总共5分，以前的招投标要求通常涉及公司规模、人数和销售收入等，我服务的这家企业在这些方面处于劣势。销售人员与客户进行了沟通：

> 销售人员："您说的公司实力是指整体实力还是专业实力？"（问住了客户）继续说道："如果按照规模，我举个极端的例子，一些毫不相干的企业都能得满分，比如拼多多、麦当劳。您的项目是信息系统建设，有些企业规模虽然很大，但根本没有做过类似的项目，这合理吗？"
>
> 客户："如果公司实力不按照规模、人数和销售收入计算，那你说说，按照什么来评估？"
>
> 销售人员："当然是成功案例数了。大型银行无非就是那几家国有大银行，此外还有一些中小银行，在它们身上有没有成功的实施案例，这才是专业能力的体现。"
>
> 客户："有道理。"

最终结果是，客户认可了这位销售人员的观点，将衡量公司实力的指标改成了成功的实施案例，这是他们的强项，扬长避短，成功地在这一项上获得了高分。

购买标准的重要性和竞争性

我们应该先询问客户对采购指标的要求，看客户是否全面完整地列出了采购指标，判断其是不是有所疏漏，然后询问客户对采购指标的具体要求，比如客户要求手机屏幕大，我们就询问多大才算大，5英寸还是5.5英寸或者其他的尺寸？在上面的案例中，客户对公司实力有要求，我们应该询问："您从哪些方面衡量公司实力？"我们还需要找出购买标准的优先级，比如：您比较看中哪一项？原因是什么？在招投标中，指标的重要性决定了每个指标的权重（分值）。比如，公司实力只占5分，其重要性远远低于专家团队。通过这样的提问，确保自己全面、完整、明确地了解了客户对采购指标的要求及其重要程度，这是我们引导购买标准的前提。我们还要明白自己的竞争态势，了解在客户看来我们的产品是处于优势还是劣势。比如：我们的产品能达到您的要求吗？与其他厂家相比有优势吗？在内部产品培训中，有的企业向销售人员灌输产品的优势，却不太多谈自己的劣势，这极易导致销售团队盲目乐观，常常不能正确判断竞争形势，从而失去扭转客户印象的机会。我们的产品优势是相对的，比如一家上市公司，如果它的竞争对手是当地小公司，公司实力就是优势，但当对手是GE、西门子和华为这种大型企业时，公司实力就处于劣势。我们必须先判断出谁是我们真正的对手，才能判断出竞争形势。在这个过程中千万不要推销产品，而应该站在客户角度，客观地看待自己的优劣势，做到知己、知彼、知对手。总之，先了解客户对购买标准的要求，才能引导购买标准。

根据竞争矩阵制定竞争策略

传统的竞争策略使用SWOT模型进行分析，即通过分析我们的优势（Strength）、劣势（Weakness）来找出我们的机会（Opportunity）和威胁（Threat），但这种方法缺乏指标重要性维度，并不适用于分析销售，竞争矩阵更适用一些。

当我们充分了解购买标准的内涵、重要性和竞争性后，就可以画出竞争矩阵，如图 6-1 所示。客户认为重要而我们处于优势的指标，称为优胜指标，这是我们需要强化的区域；客户认为重要而我们却处于劣势的指标，称为杀手指标，在这一区域中需要淡化和转化概念，化劣势为优势；客户认为不重要而我们处于优势的指标，称为沉睡指标，在这一区域中需要我们唤醒和加强优势；还有一种叫无价值指标，对于无价值指标我们和客户都不会投入太多的精力，往往可以忽略。对于优胜指标、杀手指标和沉睡指标，我们有完全不同的引导策略。

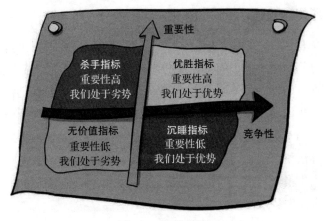

图 6-1　竞争矩阵

细化和量化优胜指标

在表 6-1 的案例中，项目支持是客户分数较高的指标，这家企业也处于优势。所以应该询问客户如何衡量项目支持能力，将这个指标细分，包括需求理解、项目经理、进度控制、测量验证、知识转移、实施指导、上线支持、售后支持八项，以确保自己得分。

　　我在 IBM 公司做销售的时候，产品可靠性既是客户看重的，又是我们的优势，这是优胜指标。我们想办法将这个指标拆成多个指标，比如冗余电源、数据存储、热插拔功能、双机热备份等细分指标，如果每项占 10 分，那么我们可以将产品可靠性的权重加大，还可以将劣势指标的权重压低。除了细分之外还应该量化，形成门槛，挡住竞争对手，比如我们的笔记本电脑 2.3 千克，对手的 2.5 千克，我们就希望将 2.4 千克当作门槛，放入招投标，这样便能将我们和对手区别开来。

淡化和转移"杀手"指标

　　在表 6-1 的案例中，这家公司的实力与跨国公司相比当然处于劣势。然而，每个购买标准的衡量方式都不一样，我们可以想象，汽车的外观、谈恋爱中的人品是"仁者见仁，智者见智"的事情，我们必须结合产品和服务特征来具体分析。换句话说，劣势都是相对的，我们应该用竞争矩阵看清楚竞争状况，然后总能找到办法扭转这种劣势。经过引导，客户不将企业的营业收入和规模当作衡量标准，而将在银行业的成功案例当作衡量标准，如此一来，劣势指标就变成了加分项。

　　我做销售的时候，IBM 的性价比处于劣势，这是"杀手"指标，除了强化产品可靠性指标压低性价比之外，我们想尽办法扭转这些劣势。客户很看重运算能力，所以我们与客户沟通。

　　销售人员："处理能力的确很重要，但是处理能力包括 CPU 主频、缓存、总线和磁盘读取，您觉得哪个指标最重要？"

　　销售人员："CPU 主频是 3GHz，总线频率 400MHz，这都不是瓶颈。"

　　销售人员："磁盘每秒只有 7200 转，CPU 和总线再快都没用，关键是尽快把数据读出来，所以最重要的是磁盘读取速度。"

销售人员："我们的 CPU 主频为什么不做那么高？因为 CPU 发热会引起机箱温度升高，影响线路板和元器件，会导致产品故障。这是银行的关键系统，绝不容有失啊。"

当客户接受这个观点的时候，我们就能从杀手指标中细分出一个优胜指标，这就是"偷梁换柱"。客户经常与厂家打交道，当然不会轻信，但我们还有后手。我们会强调：那些数据都是在实验室里测试出来的，最好还是把服务器运到您这边，一字排开，现场比速度。如此，客户才不得不信。我们真的经常做这样的测试，配备性能调试工程师，做了大量优化，竟然比对手快了好多，让客户大吃一惊，不再对那些数据深信不疑了。另外一家公司向公安系统销售某款越野车。在越野车方面，油耗是很重要的指标，但该产品处于劣势，他们劝说客户实测，客户欣然接受。他们竟测出了每千米 4.9 升的油耗，令人大吃一惊。原来，他们挑选夜间无人的时间，可以避免堵车，他们还选择从八达岭向北京方向开，那是一个大下坡，把后排座椅和备用轮胎全都拆掉，以减轻车重。客户当然不傻，在这次招投标之后严格规定了测试环境，使得测试过程更加科学和公平。实测结果虽然未必都能如愿，却能把局面打乱，给我们反败为胜的机会。

唤醒沉睡指标

沉睡指标是我们处于优势客户却不重视的指标，当我们推出新产品和新功能的时候，常遇到这样的情况。如果不能唤醒，优势就会白白浪费，在这种情况下，我们可以使用顾问式销售技巧（SPIN），帮助客户意识到这些指标的重要性。

工具表格

　　每个购买标准都是一个战场，企业应该为自己"筑堡垒"，为对手"埋地雷"，"战前"的准备越充分，在竞争中就越得心应手。可是我接触的那么多企业，几乎没有能做好充分准备的，这让我很吃惊。这么漫不经心，肯定要付出巨大的代价。在我眼中，这些销售团队还不如明末世袭军户：已不习军事久矣，平常打打土匪还很威风，其实却上不了大阵仗。

　　建立竞争壁垒，不是销售团队能够独立完成的，很多产品的技术指标需要很强的技术背景和理解能力，服务方面的指标也需要售后服务团队参与。表6-2中，"细分指标"主要指客户采购指标的大类，比如汽车的外观、油耗、动力、安全性、空间、舒适性等。其中，空间可以分成驾驶空间、后排座椅空间、后备箱空间，油耗可以分成市区拥堵油耗和高速油耗，这是细分指标。"重要性"因客户而异，要与客户沟通；"竞争性"是在客户眼中我们处于优势还是劣势；"评判标准"就是能够将我们和竞争对手区分出来的门槛。

表 6-2　引导客户购买标准表

购买标准	细分指标	权重	差异 / 评判标准
			友商 1
			友商 2
			我方
			友商 1
			友商 2
			我方

（续）

购买标准	细分指标	权重	差异 / 评判标准
			友商 1
			友商 2
			我方
			友商
			友商
			我方
			友商
			友商
			我方
			友商 1
			友商 2
			我方

　　在这个表格的"差异"一栏中，销售团队最喜欢的内容是自己的优势，却对友商的情况并不清楚，因此这一栏的重点是友商的真实表现，我们要做的是帮助客户进行分级评估，获得加分，仅仅介绍自己的产品和服务多优秀是完全不够的。就像其他的工具表格一样，引导指标表也有三个目的：第一个是销售自查；第二个是销售主管对下属的辅导和检查；第三个是在见客户之前，有针对性地通过这个表格准备客户拜访。

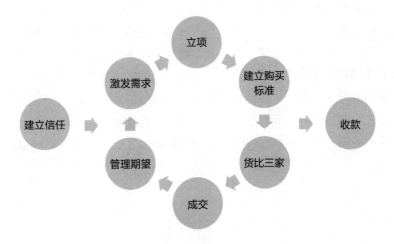

第七章

屏蔽对手

在销售过程中，任何违反人和人交往准则的做法肯定是错的。

如果销售人员只是"王婆卖瓜，自卖自夸"，系统性地隐藏产品的缺陷和危害，这会极大地影响客户的购买。在价值竞争销售方法论中，我们应该帮助客户发现竞争对手的缺陷和危害，同时开诚布公地指出自己的缺陷，并向客户提出补救计划。这样做既为客户创造价值，也让自己处于更加有利的地位，这是极为重要的步骤。同时，我们还应该保持风度，尊重友商，客观分析竞争产品而不只是在背后说竞争对手的坏话。这需要高超的技巧和方法，否则会适得其反。

猎手和农夫

购买流程在经过发现需求、促成立项和建立购买标准后，终于进入购买后期，客户开始货比三家。我们将购买的前三个阶段称为引导期，在这三个阶段，购买还浮在水面之下，客户也没有正式向外公布，只和部分厂家交流和沟通。到了货比三家阶段，客户公布购买信息，邀请厂家参与和交流，谈判采购进入了竞争期，这是采购的分水岭。引导期包括客户购买的前三个阶段：第一个阶段——发现需求，这很像播种，是要帮助客户发现未知的需求；第二个阶段——促成立项，像是发芽；第三个阶段——建立购买标准，排除竞争对手的潜在威胁，就像锄草。到了竞争期，我们更像猎人，提交方案和报价，再谈判，最后获取订单。

我刚加入 IBM 公司的时候，部门只有四个人，负责全国市场，跑都跑不过来，根本没有时间精耕细作，只能到处投标，通过覆盖采购流程的后期来迅速提升销量。当时的考核以销售收入为主，不太看中利润和费用。随着业务的壮大，部门的人越来越多，两三年之后已经有了十几位销售人员，每人负责一两个省。客户和销售线索都减少了，销售人员不用再东跑西颠，于是就慢慢扎根在客户组织结构内部，与每个部门接触，寻找其痛点，重点覆盖采购流程的前期，争取把每个订单都做大并且争取获得更好的利润。当客户开始购买的时候，只需要做台面上的工作，台面下的事情已经不需要做了，销售模式从"打猎"转向了"精耕细作"。

对销售人员来说，"打猎"和"精耕细作"的考核方式以及能力要求都不一样，"打猎"注重销售收入增长，通常是进入新的行业或者区域市场，而"精耕细作"更加注重盈利能力。企业应该根据 RAD 攻守模型区分应在哪个区域市场进行拓展、在哪个区域精耕细作以获取利润。

华为采取了类似的做法，这就是赫赫有名的"铁三角"和"重装旅"。"铁三角"在细分市场"打猎"，发现小项目时就一口吃掉，遇到大项目时就精耕细作，并呼唤"炮火"，于是"重装旅"气势汹汹"杀"过来，销售担任总协调、技术盯技术、主管看住客户领导，男盯男、女盯女，确保 24 小时不失控，毕其功于一役。

饲料行业竞争激烈，企业在其中激烈"搏杀"。双胞胎集团选择重点区域实施广告"轰炸"，组建强力团队开着卡车，敲锣打鼓地走村串户，张贴标语，"兵团作战"，决战于终端。通过标准化的销售动作和数字化考核管理，市场人员虽然整体学历不高，但经过严格的标准化培训而具备很强的执行力，铺天盖地地进行"兵团作战"横扫市场，一战成名，再留下驻场服务团队"精耕细作"，为养殖户提供培训和支持，不断进行市场渗透，逐渐扩大市场份额。

华为和双胞胎的案例在前面都引用过，他们组成不同团队分别应对引导期和竞争期的挑战，覆盖了客户不同的购买阶段，采用不同的招式和技巧，既有奔放的"打猎"，突击市场，又有技术含量很高的"耕作"方式，慢慢巩固，两者相得益彰，互相补充，达成了市场攻守的平衡。

优点和缺陷

在竞争期的销售方法和技巧也与引导期大为不同，当采购进入货比三家阶段的时候，客户显然在比较每个厂家或产品的利弊。任何产品都有两面：优点和缺陷。没有人是完美的圣贤，也没人是纯粹的人渣，每个人每家企业每种产品都一定各有利弊。客户在购买产品的时候，到底应更看重产品的优点还是缺陷？在很多销售看来，当然优点更重要，因此他们总滔滔不绝地介绍：第一段话术是公司实力，第二段话术是我们的产品有多好，第三段是竞争对手有多烂。这种销售套路的核心就是介绍我们的优点，兼攻击竞争对手，给客户洗脑。这不是以客户为中心的销售方法，这种方法往往是，你越说你好，别人越不信，"王婆卖瓜，自卖自夸"。

实际上缺陷和优点同样重要。消费者在网上购买产品时，看好评还是差评？我曾在网上购买跑步机，先按销量排序，然后就去看差评，评论说这跑步机几十千克，还不包运输和安装，上不了楼。我果断放弃购买，加钱选择了另外一个包运输和安装的产品。至少从某一方面说明，有的消费者在网购时看缺点，对优点的关注度低一些。

吸引客户靠优点，成交看缺陷

我们必须搞清楚优点和缺陷的关系，这很像相亲，每个人都精心打扮，展示自己的优点。我们起初被对方的优点吸引，与对方接触，在相处过程中因为缺陷而争吵，是否在一起往往取决于能不能忍受对方的缺陷。优点和缺陷同样重要，只是在不同的阶段发挥影响，采购前期看优点，中后期看缺陷和风险。在货比三家阶段，客户要寻找并了解厂家的缺陷，否则将会有重大损失。

我曾经作为客户选择软件开发商，评估了五六个厂家，其中一家展示出明显的技术优势，于是签下合同，预计三个月开发完毕。我们充满期待，希望看到阶段性进展，他们推脱说封闭开发，不希望我们过多介入，我们只好被动等待。三个月过去了，我们做好推广计划，万事俱备，看到产品却傻了眼，功能基本没有实现。我们骑虎难下，只好再给他们时间，又过了六个月产品才算成型，而且远远达不到预期，我们的投资基本上算打了水漂，还浪费了两年的时间，错过了"风口"。后来，厂家才告诉我："接您项目的时候，我们还在谈招商银行的一个外包项目，没想到都签下来了，技术团队被派去负责招商银行的项目，您这里只留了一个新人。"难怪我们的项目做成那样，我深深体会到，客户不了解厂家缺陷的时候，将会带来多么严重的损失。

这种情况最极端的就是购买房产的客户遇到了烂尾楼，一方面要继续向银行还贷，另一方面却迟迟不能入住，这对于家庭是毁灭性的打击。厂家和销售人员为了成交，不仅自卖自夸，还常隐瞒缺陷，有经验的客户能够想办法了解厂家的缺陷，避免购买陷阱，没有经验的客户即使掉进陷阱也不知道，后悔都来不及。

但客户对缺陷也不能过于苛刻，优点和缺陷就像一张纸的两面，相对存在。谁都有缺陷，就像外向的人相处起来有趣，却可能婚后在外面应酬不爱回家；内向的人天天回家，却一言不发。没有十全十美的人。产品缺陷常常由技术和产品定位导致，比如电子设备的机身薄是优点，但会带来电池容量较小的缺陷。关键的问题是，销售不愿意诚实地向客户说清楚缺陷，让客户做出了错误的判断，这是谁的错？企业向销售团队系统性地隐瞒自己产品的缺陷，这是普遍存在的现状。

"王婆卖瓜，自卖自夸"

我在戴尔负责销售培训时，曾邀请两位产品实验室来的专家为销售团队培训。培训的时候，他们带来竞品，现场拆开来看，戴尔笔记本电脑的线路板共有八层，对手只有两层，尺寸极大，还有跳线。我们的电源采用氧化工艺，不会生锈也不会漏电，对手的电源就是普通的铝镁合金。这些优势亲眼所见，十分可信，销售团队信心大增。曾有一位销售对产品坚信不疑，极有信心地将几个笔记本电脑垫在脚底下，站上去演示，客户对这么坚固的笔记本电脑啧啧称奇。我也曾当着客户的面摔笔记本电脑，以印证其坚固性。可是，我在IBM工作时用过好几个ThinkPad，觉得质量要比戴尔的好，于是有些疑问。晚上我请两位美国专家吃饭，他们连夸北京的西餐比美国的好吃，超过鼎鼎大名的得克萨斯小牛肉。我喝了几瓶啤酒之后问："我用过ThinkPad，好像也不错。"美国专家低头喝酒不回答。过了许久，我又问了这个问题，其中一人回答："ThinkPad不错。"他们白天进行产品培训的时候，却把ThinkPad贬得不轻，难道是假的？酒后吐真言，中外都是这样，他们喝多之后终于说出了真相：他们在实验室做产品对比时，找出一百多条差异，戴尔的四五十条优点被做成培训教材，用于培训；而剩下的五六十条缺陷，他们当然不会讲出来，而是交给实验室改进。

即使知名的企业也喜欢向客户隐瞒产品缺点。当年，苹果公司发布的 iPhone4 风靡全球，但是 iPhone4 存在一个很要命的技术缺陷。苹果公司独具匠心地将手机天线和边框整合在一起，这种设计让手机更优雅漂亮，但用户一旦紧握手机，就会导致信号接收质量下降。苹果公司接到大量投诉后，试图隐瞒这一缺陷，但竞争对手没有放过苹果，当时在手机市场上节节败退的诺基亚公司在其官方博客发文讽刺，声称"诺基亚手机绝不会有这样的问题"，诺基亚还给出用户经常使用的四种握手机手势，并表示，无论使用右手，还是左手，这四种方式都不会导致诺基亚手机信号减弱。另一家手机巨头摩托罗拉，更是在《纽约时报》刊登巨幅广告，一边吹嘘自己一边贬低苹果："我们的手机采用了双天线设计，允许你用任何方式拿着它，在任何地方进行清晰通话。"苹果公司拒不承认自己的产品有问题，在声明中毫不示弱地反击："紧握任何一部手机都会使手机的信号减弱，我们的产品的确如此，诺基亚和摩托罗拉的手机也不例外。"

苹果公司拒不认错，事件被迅速升级，由于苹果手机在通信信号明显下降的时候，信号标志却始终处于满格的状态，技术问题就变成了欺诈，爆发了多起集体诉讼。苹果不得不低下高傲的头颅，承认缺陷并允许购买者退货。

"王婆卖瓜，自卖自夸"是商业惯例，缺陷被隐藏，销售团队不知道，这是由企业的培训体系决定的，常导致客户购买的失败。不公布产品缺陷的情况的确普遍存在，只有极少数行业有一些规定，比如保险行业必须向客户详尽解释产品的优点和缺陷，并请客户签字确认，而且给客户提供 15 天的犹豫期。其他行业没有这样的规定，只提供详细的产品规格，至于是优点还是缺陷请客户自行比较。但在互联网时代，客户利用电商购物，购买后留下好评和差评，可以帮助潜在客户了解产品缺陷，可是在复杂销售中，还没有这样的客观评价供我们参考。面对我们不知道自己产品缺陷的现状，当客户询问我们产品的缺陷时，应该怎么回答？很多人的标准答案是：我们的产品和服务都是一流的，唯一的缺陷就是价格有些贵。在这种情况下，产品缺陷被有计划地隐瞒起来，客户可能重蹈我开发软件失败的覆辙。其实，寻找出厂家缺陷是客户的需求，此时，我们得到了一个难得的机会。当我们帮助客户意识到竞争对手缺陷的时候，既为客户创造了价值，满足了客户需求，又非常有效地推进了销售。

对待竞争的态度

很多有名的企业家对于产品缺陷的认知就是错误的，但他们的嘴比鸭子嘴巴还硬，常常指鹿为马、颠倒黑白，打死也不承认自己产品的缺陷。他们在竞争策略上常常有非常矛盾的表述，在市场上处于上风时，谈到友商时得意扬扬自称："我们以客户为中心，心无旁骛，埋头做好产品研发，对友商无意置评。"一旦落后，就口口声声自称吊打友商，遥遥领先，对外放话：看淡生死，不服来干。

如果企业家对竞争方法和策略的理解不够深入，会导致企业竞争策略紊乱，前后矛盾。

屏蔽对手的方法

我们都知道的一个最基本的做人底线——不在背后说别人坏话，否则就是人品有问题。可是从另外一个角度来看，我们是不是应该眼睁睁地看着客户在被竞争对手隐瞒其产品缺陷的情况下被夺走，最后损失惨重？比如，你爱的女孩子就要嫁给另外一个男人，那人在外面吃喝嫖赌，把她蒙在鼓里，要不要告诉那个可怜的女孩子？如果坚持不在背后说别人坏话的原则，是不是会毁了女孩子的幸福，又顺便毁了自己的梦想？这似乎是个两难的选择，既不能直接说对手坏话，也不能眼看着客户往"火坑"里跳。就像刚才说到的例子，你喜欢的女孩子被一个金玉其外、败絮其中的男人追求，你当面说出对方的缺点，但拿不出证据就是诋毁，不但客户不信，你也会形象受损。拿到确凿的证据是第一步，这是屏蔽对手的关键，但也要注意方法和技巧，要经过精心的设计和训练。

如果在商场，我们不攻击对手，实际上是不是害了客户？我们应该善于屏蔽对手，而非攻击对手，应该对竞争对手抱有尊重。SAP 和甲骨文是软件行业的巨头，它们向大型企业提供管理软件，几乎垄断了国际市场，但它们在竞争中表现出了对彼此的尊重。一旦客户有选择对手的倾向，另一家立即退出，绝不死缠烂打。这样反而带来了好处，客户无法创造两家之间的竞争，两家公司利润丰厚。

与此相反，在饲料行业，曾有一段时间，国内饲料厂家在养殖户面前互相攻讦，你说我饲料里有激素，我说你使用瘦肉精，越传越广，连普通消费者也听到了这样的消息，人人自危。这样反而是"自毁长城"，让国外饲料厂商占据了竞争优势。销售团队对自己产品的优点滚瓜烂熟，对客户需求掌握一些，对竞争对手常常两眼一抹黑，捕风捉影，没有说服力。

这就需要注重方法，用委婉的方式提醒客户对手的缺陷，而非指名道姓地攻击。这两种方式看似都是为了帮助客户避开购买陷阱，效果却大大不同。本质上，屏蔽对手是以客户为中心，攻击对手却是自私自利的以自我为中心，这两种方式给客户的感受大不相同，带来的效果也不一样。在屏蔽竞争对手的时候，不能从以产品为中心转变到以对手为中心，换句话说就是，我们不要针对对手，而是应帮助客户避免缺陷和风险，销售从头到尾只能有一个中心，就是客户，这极大地体现在沟通技巧上。企业应该进行完善和全面的竞争分析，共同整理和分析竞争对手的产品，最终做出模板，供销售团队参考。

有一家餐饮企业主打高端产品，附近有很多类似的餐饮会所，顾客流失率很高，他们花了很多时间来研究差异化。顾客吃完离开时，服务员常陪着他们从包间进入电梯，送出门外，这几分钟刚好够聊几句：

> 服务员："今天吃得满意吗？味道怎么样？"
>
> 顾客："还行。"
>
> 服务员："有没有觉得我们家的饭菜清淡一些？"
>
> 顾客："哦，有吗？"
>
> 服务员："我们用了进口的橄榄油，脂肪含量特别低，降低血脂，就是味道比较清淡，尝出来了吗？还有啊，有没有觉得菜也不一样？"
>
> 顾客："是吗？"
>
> 服务员："我们的食材是有机的，没有使用化肥。"

这段对话收效很好，关注健康的顾客在心理上觉得放心，成了回头客，没有丝毫贬低竞争对手的意思，却暗示周围的店面没有采用橄榄油和特供蔬菜，有效屏蔽了对手。这是以客户为中心的沟通方式。如果采用相反的做法，攻击对手，话术就变成了：

服务员："今天吃得满意吗？"

顾客："挺好。"

服务员："您算是选对餐馆了，隔壁那些餐馆用的都是地沟油，自己不吃，专门给顾客吃。"

顾客："这样啊？"

服务员："不光这样呢，他们用的那些烂菜，猪都不吃。"

顾客：一脸震惊。

这是典型的攻击对手的做法，顾客的确不去隔壁餐馆了，但是会回家吃自己做的饭菜，再也不出来吃饭了，损人不利己。

保持风度，避免指名道姓

当我们在各种场合提及竞争对手的时候，应该保持风度，这是高手采取的态度，不能随便攻击对手，否则会像心胸狭窄的地痞无赖一般。保持风度的第一个秘诀是不要指名道姓，在公开场合典型的话术是称呼对手为友商，绝不提及公司名称。很多人常常针锋相对，修炼不够啊！退一步讲，大家都在一个圈子里，谁也难保自己永远在一家公司做销售，如果跳槽去了友商公司，再见到之前相熟的客户不是会很尴尬吗？

如果必须提及对手，通常会为竞争对手贴上标签，比如爱康国宾可以称呼某家对手为三甲医院。这个标签是中性的，既非贬低也不是褒扬，能够暗示出友商的特点。再比如，汽车行业的销售人员在提及日本车的时候，常常意味着不安全，提到美国车的时候意味着油耗高。很多销售人员不善于贴标签，比如常常说低价厂商，这在一些客户眼中并非缺陷而是优点，这个标签缺乏中立性。

强调危害，而非缺陷

客户关心缺陷带来的危害，而非竞争对手的缺陷本身，危害是针对客户的，缺陷是竞争对手的，应该多谈危害，不要总揪住缺陷不放，这才是以客户为中心。在为客户做利弊分析时，尽量用 70% 的时间强调危害，其余时间提及缺陷就够了。要让客户意识到竞争对手的缺陷，可以通过提问的方式，如："您觉得会产生什么后果？"让客户自己讲出来，他们才会相信，我们灌输的，反而会遇到抵触。

屏蔽对手的三种销售技巧

我们在介绍产品之前，要问自己四个问题：我是否了解客户背景？是否已经找到了客户的痛点？对面是不是客户的决策者？有没有屏蔽对手？如果答案都是肯定的，再介绍产品，而且应压缩介绍内容，争取几分钟讲清楚。屏蔽对手是介绍产品前重要的销售技巧，对于小型采购极其见效，基本立竿见影，然而很多人常常忘记这一点。

> 销售人员："所以您的要求是……您看我的理解正确吗？"
>
> 客户："没错，你们有什么产品？"
>
> 销售人员："针对您的需求，我们这款产品正好能够满足您的要求，要不要我为您简单介绍一下？"

以上是错误的做法，经不起客户的"挑逗"，就迫不及待地介绍产品，而忽略了屏蔽对手这一方面，正确的做法应该是先

"砍翻"对手，再伺机推荐产品，常用的话术是：

　　销售人员："所以您的要求是……您看我的理解正确吗？"

　　客户："没错，你们有什么产品？"

　　销售人员："您的企业加工水平处于国际领先地位，对加工设备要求很高。根据我的经验，挑选产品的时候，有两个方面要注意。第一，慎重选择进口产品，它们精度很高，却不太适合国产原料，生产半年之后精度就会下降。第二，一些国内小作坊也要小心，公司就十几个人，卖了就跑，我最近遇到很多这类企业，叫苦不迭啊。"

　　客户："那应该怎么选择呢？"

　　销售人员："我建议您还是优先考虑国产的一线企业，性价比超过进口企业不说，又有长期的质量和服务保障。"

　　这段话显然要好一些，先屏蔽了竞争对手，少了推销，多替客户考虑一些。最常用的屏蔽对手的技巧就是帮助客户做利弊分析。利弊分析可以分成以下三步。

三种方案

　　客户既然货比三家，我们就不该只推荐自己的产品，而应该站在客户的角度，推荐三种不同的方案。客户必然会分析每种方案的利弊，此时就是屏蔽对手的时机。沟通技巧来自中国古代的智慧，当皇帝询问大臣对策的时候，鲁莽的大臣直接说出计谋，而聪明的大臣会说"臣有三策"。他们尽量不直接推销自己的想法，而是站在皇帝的角度分析当前的局面以及可选的对策，否定对手后，自然而然就剩下自己的建议。比如敌军兵临城下，皇帝询问大臣对策，直线条的武将会说："决一死战！"这是典型的推销话术，把自己的想法和方案直接交给对方，忽略了对方的担忧和顾虑。聪明大臣的话术完全不同：

> 大臣："陛下，臣有三策。"
>
> 皇帝："爱卿速速奏来。"
>
> 文臣："上策为战，背城而战，击败敌军，收复长安。"
>
> 皇帝："可有中策？"
>
> 大臣："如果不能胜，可暂时求和，积蓄实力，训练士卒，征集天下军马勤王，必能一战而擒之。"
>
> 皇帝："那你的下策是什么？可是让朕乞降？"
>
> 大臣："非也！留得青山在，不愁没柴烧，臣愿舍生忘死，保护陛下前往巴蜀，山高路远，敌军不能追击，我们站稳脚跟，请皇太子监国，郭、李两位将军从太行山直下范阳，直捣黄龙，让敌军首尾不能响应，不出三年，叛军必败。"

这就是利弊分析的话术，这段话术在古代经常发生在庙堂，却也非常适合销售场景。所以，当客户询问我们产品的时候，正确的话术应该是："针对您的需求，我们有三种方案。"

为什么只向客户提供三种方案？在现实中，我们真的可能有三种以上的方案，但绝不能说："针对您的需求，我有85种解决方案。"客户不可能对这么多潜在厂家进行深入评估，万一客户说："很好，你的考虑很周全，麻烦你今晚都写出来，明天交给我。"我们就只能连夜加班了。

如果永远向客户提供唯一的解决方案，而不是多种方案，会显得有点强人所难，最终选择权握在客户手中，这是客户的基本权利，我们没有资格剥夺这种权利，就不能替客户做决定。这也

像在职场上，你给老板的方案也应该是多种，而不能只提唯一的
方案，尽管你心里有倾向性。当我们向客户提供多种方案时，会
显得我们很为客户考虑，让客户觉得很舒服，这种情绪在销售过
程中极为重要。

利弊分析表格

当我们向客户声称有三个方案之后，立即就有一个挑战摆在
眼前，怎么向客户介绍这三种方案？这三种方案是经过精心设计
的，绝不能信口道来。我们首先要扭转传统的主观的推销思路，
还要使用利弊分析表（见表 7-1）做好充分的准备，这样才能取
得好的沟通效果。

我前些年在旅游时看到了秦皇岛阿那亚小区的房产，当时开盘
的南区的房子距离海边有一段距离，我犹豫起来，要不要等下一期
海边的楼盘？销售人员希望我尽快购买，采用了利弊分析的话术：

销售人员："嗯，您想等一下海边的楼盘，是吧？其实海边
的和南区的房子各有利弊。"

我："说说。"

销售人员："您住在这里的时候，您是经常去海边呢还是更
经常去超市和电影院？"

我："应该是电影院和超市吧。"

销售人员："阿那亚的核心商业区就在南区，步行 5 分钟就
可以去咖啡厅吃个早午餐了。"

这位销售员没有多说海边房子潮湿的缺点，只做了一条利弊
分析，这是正确的做法，如果一条就能够打动对方，何必还要说出

第二条和第三条？经过销售员的劝说，更重要的是我喜欢南区的户型，最终买了不靠海的房子。两年之后，靠海的房子开盘了，我路过售楼处，顺便进去看看，那位销售人员又上来和我聊天。

销售人员："您来看房子了？"

我："听说你们开海边的楼盘了，来看看。"

销售人员："带您去看看样板间。"（开始参观样板间）。

我："海边的风景确实不错，只可惜离商业配套远了些。"

销售人员："（可能忘记了两年前的话术）您平常住北京，到阿那亚就是来看海的，如果要逛超市和看电影，您用得着来阿那亚吗？北京随便哪家电影院和超市不比这里好？"

我无语凝噎，产品优劣就在嘴皮之间，但是不得不承认，尽管前后矛盾，销售人员的话术是没错的，她充分利用利弊分析，引导了客户的购买需求。

恐怖故事

这是一种极为有效的沟通方式，用于在利弊分析时打击对手，目的是强调危害。我有一位老同事离开外企创业，在山东荣成养殖海参，我自然而然地成了他的客户。我不怎么逛商场，直到有一次偶然发现商场里的海参比老杨的便宜很多，于是我和老杨打台球的时候，问起了此事儿。

我："老杨，你那海参怎么比超市贵了不少？"

老杨："那不是一回事儿。"

我："都是海参，有什么不一样？人家的比你的还大些。"

老杨："我是在海中野生散养，和人工养殖的当然不一样，为了海参长得快，知道他们喂什么吗？避孕药！（此处转述老杨的说法）里面有激素，海参长得贼快，敢吃吗？女人吃了都长胡子！"（我被吓傻了。）

老杨："那些海参为了颜色好，先放硫酸铜再放福尔马林，慢慢发开，还用硫酸铜泡，你可千万别买那些超市里的。"

我狐疑地看着老杨，不知道他话里的夸张程度，但也不敢买超市里的海参，只能继续从老杨这儿买。这就是恐怖故事，有时间、地点、原理和后果，真实性很强，后果可怕，威慑作用明显。从此我对海参就蒙上了一层阴影，很少在饭馆里点海参，担心吃了被硫酸铜泡过的海参。恐怖故事是利弊分析中的一个话术，用于打击对手，不适合正式场合，但可以在私下场合酌情使用，要以事实为准绳，不要为攻击对手越描越黑，影响到整个行业的良性运行。

大型采购中的桩脚

在大型采购的时候，客户闭门讨论做出决定，我们根本没有机会面对面屏蔽对手。在大型招投标中，评委不得与厂家私下接触，闭门打分，统计分数，因此我们必须提前做工作，布好桩脚，让客户在决策时按照剧本来说。我们可以从古人的智慧中得到启发。

公元 655 年，大唐永徽六年，高宗李治想废除王皇后，立昭仪武氏为皇后，就是后来的武则天。他的道理十分充分，王皇后没有儿子，武则天已经为李治生了李弘和李贤两个皇子，王皇后被废的第二年，李治就册封武则天的儿子李弘为太子。武则天母凭子贵，坐上皇后之位是非常合理的，即便现在没有被立为皇后，一旦李弘被册封为太子，武则天仍然可以名正言顺成为皇后，没人能改变。

唐太宗李世民去世后，唐高宗李治的舅父、司徒长孙无忌和英国公李勣辅政，废立皇后事大，李治亲自前往长孙无忌府邸表明态度，又在内殿召见长孙无忌、李勣、于志宁和褚遂良几人征求意见。于志宁胆小怕事，不明确表态，褚遂良和长孙无忌坚决反对，两人反对也有理由，武则天曾是李世民的后妃，现在还要昭告天下，立为皇后，实在是滑天下之大稽。

褚遂良想了一条绝妙的理由，他把官笏放在台阶上，摘下官帽，叩头流血说道："太宗皇帝临终时，曾向我托付后事，拉着您和王皇后的手向我说，朕的好儿好妇，就托付给两位爱卿了。先帝言犹在耳，如果王皇后被废，臣有何面目活在世上。"

褚遂良的话术十分精湛，只说了李世民托孤时的一番话，李治没有办法。武则天不死心，招来了一个叫作许敬宗的大臣，让他私下去和长孙无忌及褚遂良沟通。许敬宗接了任务，去见长孙无忌和褚遂良说道："田舍翁多收十斛麦就想换老婆，何况天子欲立后，何必妄加议论？"

许敬宗这番话很接地气，意思是农村老头多收了些粮食都要换老婆，这是人之常情。可是这个理由与唐太宗李世民临终托孤的那番话相比，显然弱了很多，被长孙无忌和褚遂良骂了个狗血喷头。许敬宗回来把经过转告李治和武则天，表示无能为力。李治正要放弃的时候，武则天忽然意识到，朝议时有一个人始终一言不发，这就是另外一位托孤重臣李勣。朝堂上都吵翻天了，他不说话是什么意思？敏锐的武则天立即意识到沉默有很深的含义，于是她派人询问李勣。李勣说了一段名言："此陛下家事也，何须朝议？”李勣这句话没有提及废立皇后，却摆明了支持李治，于是李治再也不和大臣们商议，直接宣布立武则天为皇后。

这段著名的历史纷争像极了客户采购，王皇后相当于原有合作的厂家，武则天要夺取客户份额，搞定了决策者李治，但是李治是新领导，下属分成两派，坚决支持原先厂家的是长孙无忌和褚遂良，保持中立没有态度的是李勣和于志宁两人。除了说客许敬宗之外，其他几人的话术十分精湛，不是像普通销售想象的那样厂家背书，核心观点并不多，却十分关键和致命。

王皇后的优势是李世民亲自挑选并且让辅政大臣照顾，她的缺点是没有儿子。武则天的优势是有儿子，缺陷也十分可怕，曾经是李世民的后妃，这在古代儒家道德体系中很要命。双方攻防没有长篇大论，而是围绕这几个点进行，长孙无忌和褚遂良不敢攻击武则天的黑历史，这等于把未来的太子推到对立面，也会狠狠得罪大领导李治，他们就拼命保护王皇后的优势。李治这边有攻有守，强调武则天有子的优势，暗示王皇后无子的致命缺陷，许敬宗私下的解释理由不够充分，好在关键时刻李勣用一句话为李治和武则天解围，起到了举足轻重的作用。

在客户内部，我们也应该建立强大的桩脚，这样才能确保胜利。

说好话的

他们无须强调我们的优势和特点，站在工作立场提出合理的原因即可。比如客户强调产品可靠性，他们的桩脚就会说：“我们银行每天都有数十亿元的交易，可靠性是重中之重，绝不能马虎，一定要选择最稳定可靠的产品，否则出了问题，谁都承担不起。”这其实就是这个厂家的支持者。

没人说好话，一定赢不了。

"咬死"对手的

在一次大型采购的内部评委会议上，支持不同厂家的两派争论不休，直到一位代表说道："我们部门负责实施和保障，如果采用第一种方案，我不能保证项目成功，出了责任我不负责！"这句话有摊牌的性质，没人可以忽略他的意见，他"咬死"对手缺陷不放，使我成功拿到了订单。"咬死"对手就像抛炸弹，十分见效，甚至比说好话还重要。

我曾帮助企业做 CRM 方面的咨询，由于种种原因，有些企业选择市场上名气很大的移动 CRM，我一般推荐低代码平台自己搭建。每到这个时候，我很少强调低代码平台的优势，一般都会询问移动 CRM 的缺陷：第一，企业组织架构和产品线竞争调整，如果选择移动 CRM 怎么进行二次开发？成本多少？时间多长？如果不能灵活便捷调整，会不会导致采购彻底失败？第二，移动 CRM 价格昂贵，是便捷平台的 5 ～ 10 倍，最终实现的功能却相差不多；第三，由于大量 CRM 软件失败，很多 CRM 企业最终倒闭，为什么要选择市场几十年都验证不成功的产品？

在这种情况下，吹嘘低代码平台的优势不如咬死 CRM 的缺陷来得直接和有效。

解围的

在竞争激烈的采购中，客户常分成两派，有人支持我们，有人支持对手而围攻我们，此时就要有人解围。比如，有人攻击我们价格高，就应该做通财务部门的工作，在决策的时候，如果财务表态为我们瓦解困局："这个项目是重中之重，好钢用在刀刃上，只要不高于预算，我们财务部门一定全力配合和支持。"这样便会让对手的攻击落空。在武则天立后那个案例中，李勣表面中立，其实是为武则天解围。

在大型项目中，说好话的、"咬死"对手的、解围的，三种人都要有，并且要做好话术的演练，配合默契，不要一窝蜂冲上去"咬"对手，应该有攻有守，互相协同，这都需要我们在台面下做足功课。

工具表格

很多企业不了解竞争对手的情况，"巧妇难为无米之炊"，销售团队无法有效地屏蔽对手。应该使用表 7-1 来收集和整理竞争对手（友商）的缺陷和危害，系统地分析和研究对手，这是屏蔽对手的基础。

表 7-1　利弊分析表

对手	技术标签	优点和益处	缺陷	对客户的危害
我方				（补救计划）

在这个表格中，每个竞争对手可以有多个标签，以便在不同场合使用，这些标签最好是技术标签，显得中立和客观，比如正大饲料给当地竞争对手贴的标签是小麦饲料，以此来区分自己的玉米饲料。

在沟通过程中，应尽量避开对手缺陷，而重点阐述缺陷给客户带来的危害和影响，而且要有实例。比如一家企业在设计一栋大楼的时候，竟然忘记设计楼梯，直到施工的时候才发现，导致施工延迟了三个月，损失巨大，在很长时间内，这件事儿这成为建筑设计行业攻击的把柄。在使用类似案例的时候，一定要有根据，不能乱讲一气。

在沟通过程中，不需要花费太多时间在双方的优点和益处上，这些内容应该在销售前期讲透了。在谈及对方缺点的时候也要小心，不要为对手说了好话。曾经有一厂家在与客户沟通时说道："我们在全国份额的排名前五。"客户立即问道："前五名还有哪家？"厂家代表说出几个厂家，他根本没有想到，客户的备选供应商就是他口中排名第一的厂家，客户发现连竞争对手都推崇另一个厂家，毫不迟疑选择了另外一家。

表7-1不仅用在和竞争对手的沟通中，也可以用在自己的产品线中推荐产品。就像阿那亚的那位房产销售，因为我没有考虑周边的房产，销售人员不需要针对竞争对手做利弊分析，但是客户总要货比三家，于是在自己公司的两个产品线中分析利弊，最终帮助我下决心后买了靠近商业区的房产。苹果公司也是这样，乔布斯在发布第一代iPhone时处于劣势，数落了竞争对手一遍，把摩托罗拉和黑莓的手机图片投射在发布会的大屏幕上嘲讽，证明iPhone更优越。随着iPhone越来越强大，乔布斯再也不把摩托罗拉和黑莓当作对手，在后续产品的发布会上再也不吊打友商了，但是客户需要货比三家，乔布斯开始吊打自己，拿新款手机和旧款来比较，这已经变成了苹果发布会的核心内容。

利弊分析表是销售自我检查的工具，也是公司检查销售的工具，每次拜访客户前都需要在记事本上粗略勾画一下，才能保证在沟通时使用正确的话术。

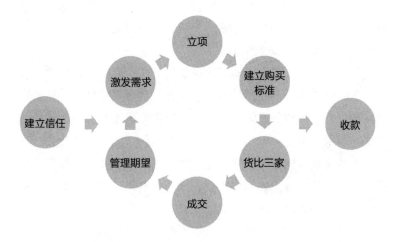

立项

激发需求

建立购买
标准

建立信任

收款

管理期望

货比三家

成交

第八章

成　交

传统的销售方法论中非常注重需求和产品，并没有意识到购买风险、客户满意度和收款之间的紧密关系，也没有形成系统的方法论。这既导致客户购买的失败，又导致我们不能完成临门一脚，没有管理客户期望值导致客户满意度下降，最终"搬起石头砸了自己的脚"，造成应收账款的灾难。

客户经历货比三家，即将承诺购买，购买风险将成为此时客户考虑的核心要素。我们做过大量调查，请客户对性价比、投资回报率、关系和购买风险进行排序，确定哪个才是影响购买的最重要的因素，超过一半的客户选择购买风险，尤其在涉及政府行为的大型和复杂购买中更是如此。对于政府客户来说，投资回报率、产品性价比远不如风险重要，因为一旦出了事情，相关人员可能会面临严重的后果。

购买产品有巨大的风险，以买衣服为例，我们的衣柜里充满着衣服、鞋子和包包，真正常用的有几个？那些不常用的算不算购买失败？导致购买衣服失败的原因有很多：身体发胖穿不下、洗了之后缩水、家里有类似的、促销期间冲动购买等，这些都是购买风险。大型项目的购买风险更大，后果更严重。对购买风险的顾虑常导致客户在厂家之间摇摆不定，每个厂家都有不确定的地方，致使购买决定有时就像赌博。这时，得到订单不靠运气，而应该依靠积极的心态和正确的销售方法。缓解购买风险，打消客户顾虑，为他们创造价值，就可以完成赢取客户的临门一脚。

国家政策法规越来越重视对消费者的保障，意识到购买风险的存在，制订了针对消费者的保障和召回计划。以前由于法律欠缺，某些厂家的汽车或者手机在其他国家大规模召回，却在另外一些国家继续销售，给消费者造成巨大的损失。

对消费者的利益进行保障，避免购买风险已经成为市场竞争的法则。Costco 超市中的产品品类没有沃尔玛多，却都是精选，品质和价格都略高一些，受到中产阶层的喜爱。Costco 提供一个月的无理由退货服务，减少了客户的购买风险，这是众多客户喜爱它的原因之一。在四年一度的世界杯或者奥运会期间，总有学生在 Costco 购买大屏幕电视，待赛季结束再退货，这也成为一种景象。无理由退货也避免了产品降价的风险，只要在产品购买一个月内有促销，Costco 为了给消费者减少麻烦，不需要客户退货，只要客户拿来收据，Costco 就会直接将差价返给消费者。其实这就是双赢，Costco 通过这种方式，减少了客户购买风险，带来了更好的口碑和销量。无理由退货肯定会造成企业包装、运输的服务成本上升，但这已经是厂家的标准服务了，没有这种服务承诺，产品很难销售，因此，总体来说是利大于弊。

无理由退货为消费者带来了极大的益处，现已经成为很多企业流行的做法。但大型和复杂的产品，存在不可逆性，客户支付预付款，厂家开始生产、运输和安装，当产品出现瑕疵的时候，很难退货。我们需要更复杂的销售方法和技巧，来避免这种情况，大宗货物的采购有些像缔结婚姻，双方有了巨大的投入和付出，绝非简单离婚就可以解决问题的。

购买风险和成交

购买风险贯穿购买全部过程，却在最后一刻起到决定作用，是销售的临门一脚。很多企业采取隐瞒购买风险的做法，即使碍于国家法规不得不说明购买风险，也采取了狡猾的做法。比如很多投资和保险机构按照规定必须说明风险，它们常用的做法是把相关内容做成极小的文字，让人很难阅读，销售也不解释就想方设法请客户签名认可。还有一些互联网公司也把注意事项和风险做成一份文件，点击进去，购买风险被隐藏在大段文字中，没人愿意认真地阅读，于是轻易同意，有的互联网公司会私下读取客户的通讯录、图片和文字，甚至悄悄跟踪用户的使用记录，利用这些信息推荐广告获益，却给客户留下了巨大的安全隐患。

我曾和保险公司探讨过退保的问题，很多老人在购买保险之后，遭到子女反对，不少人返回保险公司退保。由于国家规定了15天的犹豫期，保险公司必须毫无保留地退款，吃到嘴里的"肥肉"又吐了出来。当我们做了深入的研究后，发现很多销售人员担心客户拒绝购买，总是将产品吹得天花乱坠，对风险和缺点避而不谈，导致了客户的购买反悔。可是如果在客户购买保险前详尽地说明各种风险，比如保险和投资的关系、退保的条件等，这样又可能会导致客户的犹豫，带来沟通的麻烦，但老人回家之后可以向子女讲清楚，减少退保的情况。更重要的是，说明购买风险能够提升企业的长期品牌和信任度。这个案例可以说明，我们不应该隐瞒购买风险，而应将购买风险当作成交手段，促成生意。说起来容易，做起来很难，企业的销售团队为了短期利益，有时常会做出隐瞒购买风险的操作。

房地产经纪行业也是这样，有些国家对购买房产有较为充分的保障，成交之后有验房流程，通常由专业人士做全面完整的检查，一旦出现问题，交易就会失败，资金将从第三方账户自动退回。房地产经纪人因此不敢隐瞒，反而会帮助购房者仔细寻找购买风险，提出预防和补救计划，确认客户知道后，才敢成交。某些经纪人两头隐瞒，能糊弄就糊弄，引发了不少的争执。更关键的是，如果我们试图隐瞒，竞争对手却直言相告，客户会做出什么选择？这将会导致订单丢失，前功尽弃。

购买风险和合同

购买风险和合同之间存在着紧密的关系，请回忆一下合同条款，大都和购买风险相关。比如到货时间，客户担心不能按时拿到产品，验收是对产品质量的担忧，安装和服务条款与产品使用过程中的风险有关。当我们开始处理客户风险的时候，就是谈判的开始，也是成交的关键时刻。在这个阶段，我常常使用下面这些话术，通过购买风险完成交易。

> 销售人员："您再看看，对我们的产品和服务还有顾虑吗？"
>
> 客户："嗯，我很担心到货时间，我们时间非常紧张。"
>
> 销售人员："这点的确特别重要，这样好不好，我承诺一个月到货，每延迟一天，我认罚万分之五，可以吗？"
>
> 客户："好吧。"
>
> 销售人员："您还有其他担心吗？"
>
> 客户："暂时没有了。"
>
> 销售人员："那我把这些内容落实到书面，发给您看看，好不好？"

落实到书面，其实就是合同。购买风险体现在合同上，能够打消客户顾虑，落实在书面上就是自然而然地成交。很多人不知道这一点，不主动完成这临门一脚，等着球自己进门，从而贻误了战机。2014年，我出版了小说《创业时代》，几家影视公司都有兴趣改编，我却有个顾虑，担心影视公司购买改编权之后却不尽早开机。这种情况很常见，通常一部连续剧投资达上亿元，远远超出购买改编权的价格。当我说出顾虑的时候，第一家影视公司表示："现在大众创业、万众创新，主管部门很重视这类题材，您的顾虑大可不必，主管部门一定会催着我们赶紧开机。"但我的顾虑并没有打消，因为我的另一本小说《输赢》出版十年，多次转让改编权，却一直没有拍出来。我又向第二家影视公司提出顾虑，这家公司表示："付老师，您的担心很有道理，磨剧本很耗时，剧本不过关，我们坚决不能开拍。但是我们真的喜欢这部小说，这样好不好？您给我们三年时间，如果不开机，您收回改编权，一分钱都不用退！"我心里满意，却举起两根手指说："两年！"经过协商和谈判，大概确定了条件和改编时间。我第二天出差去南京，在火车上接到这家公司的电话：

> 影视公司："付老师，昨天谈的内容已经整理好了，发给您看看。"
>
> 我："好，发我邮箱吧。"
>
> 影视公司："您什么时候能看？"
>
> 我："我在高铁上，大概五点下车，晚上到酒店看。"
>
> 影视公司："您在高铁上啊？反正闲着也是闲着，我发您微信吧。"
>
> 我："好吧。"
>
> （过了10分钟又打来电话。）影视公司："付老师，您收到了吗？"
>
> 我："收到了，正在看。"
>
> 影视公司："您有什么问题吗？一边看一边说。"
>
> 我："哎，别急，咱们都谈好了，我不变了。"

影视公司："都互联网时代了，唯快不破，您有不满的尽管说。"

我："好吧，我觉得这几条有些问题。"

影视公司（边听边记录）："我都记录下来标红了，我们商量一下。"

我："好，不急，你们慢慢商量。"

（过了 1 小时又发来新的文件。）影视公司："按照您的要求都改好了，您还有什么问题吗？"

我（看着微信中的新版文件）："应该没问题了。"

影视公司："那我就寄出了。"

我："别急，我再想想。"

影视公司："您慢慢想，我先寄出，您有问题咱们再改。"

三天之后，我返回北京办公室，协议已经摆在办公桌上，也真的没有什么可修改的了，只好签字寄出，达成协议。由此可见，打消客户顾虑，落实到书面就是自然而然地成交。很多人就是因为不知道这一点而错失良机，这就像耕作，播种、浇水、育苗、锄草，该做的都做了，就是不收割，简直是巨大的浪费。前期是过程，签合同收款才是结果，机会稍纵即逝。

抓紧时机，临门一脚

成交机会稍纵即逝，一旦客户与其他公司签约，就无法挽回。我接触过一些很棒的华为销售，他们在做大型订单的时候，做到了人盯人，无论白天晚上都有人盯牢，24 小时不失控，确保万无一失。销售就是这样，成交就是黎明前的黑暗，是较量意志的时刻。

　　一家 3D 打印公司的创始人向我讲过他创业的故事。他的客户是郑州日产，他们已经达成供货意向了。马上就到中秋节了，他想回家陪父母，于是请客户喝了一次酒，对方拍胸脯保证，他就放心地回家过节去了。谁知道日本的竞争对手不放假，听说郑州日产正在和中国本地公司谈判，先做通日本总部工作，然后飞到郑州，将订单截走。这位朋友过完中秋节，来到郑州要签合同的时候，日本人已经拿着合同回国了。在这个节骨眼儿没有顶住，销售变成了悲剧！

　　做出购买决定的是决策者，我们一定要和决策者保持联络。我曾做过一个项目，觉得已经赢了，结果竞争对手带着老板堵在客户决策者门口问道："您还有什么要求？只要您提出来，我们一定满足。"结果这个订单被对手抢走了，这让我印象极为深刻，发誓再也不犯这种错误。成交一靠心态，二靠方法，我们预估出客户的顾虑，做好充分的准备，才能完成临门一脚，区分不同的购买风险，才能未雨绸缪。

购买风险

　　保持积极心态盯住决策者是心态问题，能不能打消客户顾虑是能力问题。销售团队接触过很多客户，客户有什么顾虑，他们要心中有数，将常见的购买风险列出来，并准备好预防方案和补救措施，才能抓住机会，一击必中。销售团队应该渐渐喜欢上临门一脚，拔脚怒射的感觉，而不能听天由命，坐失良机。我们将购买风险分成四种，确保没有遗漏，让我们熟练掌握成交技巧。

四种购买风险

战略风险

战略风险指的是客户担心未来市场变化、技术革新、政策法规变化，导致购买失败的风险。比如客户要扩大生产规模，却担心未来市场的变化，如果市场下调，现金流被占，而员工的薪酬福利又必须按时发放，那么现金流会不会断裂？真的需要购买生产设备吗？这属于典型的战略风险。顾客担心未来房价下跌而犹豫不决；企业寻找代言人，却担心艺人搞出负面新闻，这些都是战略风险。

对于战略风险，销售团队应该开诚布公，分析停止采购的损失与未来的不确定性相比，孰重孰轻？同时做出补救方案，确定一旦真的发生不可预测的情形，将怎样减少损失。比如企业担心代言人闹出负面新闻时，就可以与代言人约定，一旦发生这样的情况可以与其解除合同，并停止支付酬劳。

实施风险

制造业企业在购买生产设备的时候，切换生产线有巨大的风险，这常常影响到客户的购买决策，有时客户宁可牺牲效率也要硬着头皮使用老旧产品。饲料销售人员也常遇到这样的问题，养殖户顾虑重重，担心在更换饲料之后影响猪出栏，或者导致猪拉稀。如果不能打消客户顾虑，就会导致购买的延迟。这些是比较容易打消的顾虑，我们通常会做出实施方案，主动与客户讨论，承诺延迟到货或者支付产品故障的违约金就可以，这些内容通常在标准合同中都有。

部门利益风险

客户内部有时会存在分歧，导致客户犹豫不决。我有位朋友在加拿大从事 IT 行业的工作，当地有家银行使用 20 世纪 80 年代的数据库，有 30 多个工程师在维护，但开发效率极低，而且与现在的互联网技术不接轨，很难开发出新功能。他认为这是一个难得的机会，开始与客户沟通，想用最新的数据库替代老产品，并为此列出了种种好处。谁知，他努力了半年也没有结果，客户对他十分严厉，没有好脸色，他百思不得其解。后来终于有人告诉他："这不是抢人家饭碗吗？那些人 30 年前就用那个数据库，当时得了无数的奖，是人家一辈子的骄傲，你成天说他们的数据库有多烂，是把人家的脸面踩在脚底摩擦。你让他们学习新数据库？他们都四五十岁了，能不能学会？学不会怎么办？面临失业！银行其他部门提了很多次更新都被技术部门否决了，你天天去推销，砸人家饭碗，谁还有好脸色给你？"这是典型的部门利益风险，源于客户内部意见不一致，这种情况极为常见，需求本身常常就是矛盾的。便宜的可能质量不好，效率高的常常消耗也大，结实的笨重，安全的产品一般都操作麻烦。当客户内部产生分歧的时候，我们应该求同存异，争取扩大客户之间的共同点，渐渐整合客户意见，以达成一致。

个人顾虑风险

不仅部门之间的需求存在矛盾，个人利益也常与采购利益不一致。我在企业负责培训的时候，协调培训时间十分困难。如果周末两天培训，员工就相当于要连续上班 12 天，老板又不希望利用工作日培训。培训虽然不影响采购，却是一个顾虑。培训公司给出的折中方案是周五和周六上课，占用一天休息时间，这虽然简单，却也贴心。

回扣也是典型的个人顾虑，在很多行业中很常见。我非常反感送回扣，这不是销售方法，而是违法。回扣是把双刃剑，虽然有时对生意有明显的助益，但最后一定会为企业带来极大的损失。回扣损害企业利润，从各种公布出来的审判记录中可以看到惊人的巨大金额，不少都来自工程腐败。这不仅是客户的损失，也是企业的损失，常在河边走，哪能不湿鞋？销售人员有时会与客户瓜分回扣，他们知道公司利润底线，常常公司赔钱，销售和客户大把挣钱。回扣必然违规，损害企业文化。企业发展要注重诚信合法经营，回扣显然有悖于此。越来越多的客户开始旗帜鲜明地反对回扣，并要求供应商签署反回扣条款，我们应该认真遵守，扎扎实实做好全部客户的工作，不将赌注押在一人身上，宁可丢失个别订单，也不能违背原则。回扣是邪路，如同吸食鸦片，就算在短期拿到订单，也会深受其害。很多大型企业绝对禁止向客户提供回扣，反而能够与客户保持几十年的生意往来，保持全面和深入的沟通。以专业水准征服客户才是长久之道。

怎样拒绝回扣又尽量降低影响呢？不妨在交流时加一页PPT，告知客户公司正规经营，表示按公司纪律和规定，不可能付出回扣。和客户私下相处的时候，也可以抱怨几句，说公司政策僵硬，一点儿都不灵活，暗示不给回扣。绝大多数客户听了这样的表述，都会识趣，即便对方提出回扣的要求，拒绝前也打了预防针。需要强调的是，拒绝回扣肯定会遭受损失，但绝对利大于弊。

客户的个人顾虑和担心绝不仅仅是回扣，很多顾虑是有道理的，我们要充分理解和配合。比如客户担心工程期间加班，担心自己的技术能力跟不上新的系统，这都是需要充分沟通，拿出解决方案的。打消客户的个人顾虑风险绝不能在公开场合，不妨两个人在气氛融洽的时候私下谈。

客户购买信号

当客户意识到购买风险，产生购买顾虑时，很可能推迟采购而去找有经验的人商量，或与其他厂家协商，这就造成了极大的危险。我们必须第一时间察觉出客户的犹豫，主动出击，而不是被动等待。我转让作品改编权的时候，第一家影视公司要帮我订机票和酒店，被我拒绝了；要去机场接我，我说有朋友来接；他们想一起吃饭，我也说和朋友约好了。这些是实情也是借口，都是购买顾虑的信号，可惜被他们忽略了，最终我把小说转让给了另外一家公司。

在成交的关键时刻，我经常达到神经质的程度，客户的每句话和每个表情，甚至看一下手机，我都会担心是不是竞争对手的消息。记得有一次，在与客户的会议中，决策者放下手机然后离开了办公室，这让我极为担心，立即跟出去，发现他只是上个厕所，我跟进去聊，他还真在厕所里说出了顾虑，好在没有功亏一篑。

预防和补救计划

当我们看出客户的犹豫之后，应该拿出让客户满意的预防和补救计划，再与客户沟通和协商。

预防计划

预防计划就是避免产生购买风险的解决方案。在影视公司购买我的小说改编版权的过程中，我的顾虑是购买改编权后不开机拍摄，而影视公司拿出了 PPT 文案，明确拟邀请哪个导演和明星，投资和开机时机也写得清楚，这就是预防计划，以此来减缓我的顾虑。娱乐圈鱼龙混杂，我常会反问："很好啊，导演看了小说感觉怎么样？能不能约出来聊聊？"这时就是考验对方的时刻，如果他们不认识导演也没有资金，我就能辨别出来。

预防计划应该具体明确，而不能是简单的忽悠。客户不傻，一旦觉得我们处理不好，或者觉得我们言过其实，那我们反而是"搬起石头砸了自己的脚"。

补救计划

那家影视公司之所以能够打动我，是因为它没有忽悠，反而肯定了我的顾虑。我既为这种诚恳的态度欣然，又觉得顾虑更为重要，对方拿出了"真金白银"：三年不开机，改编权原样奉还。这是实打实的条款，也证明了他们的信心，这就是补救计划。当购买风险真正发生时，能拿出什么对策？比如客户担心："你们的产品如果不能一个月内按时到货，影响工期怎么办？"预防计划是："我们帮您预订了产品，一周生产，一周运输，应该十五天到货，而且留出了富余量。"补救计划简单直接："我们做好了充分准备，有信心，延迟一天，您罚我！"

应该注意的是，在打消客户的购买顾虑之前，我们应该通过提问让客户说出顾虑，不要将购买风险堆砌在客户面前，吓跑对方。在客户说出顾虑的时候，先拿出预防计划，不要轻率说出补救计划，否则这往往需要付出代价。很多针对风险的补救计划都在标准合同里，我们也应该好好把这些条款当作销售工具，不要浪费。处理好客户顾虑之后，要将结果落实到书面，趁热打铁，拿下合同，否则客户又会有新的顾虑，购买总有风险，没有十全十美的。

对于大型采购，我们很难通过寻找客户购买顾虑来成交，招投标中一定会有答疑流程，并要求我们留下书面承诺，这是销售的重要步骤。企业可以按照表 8-1 梳理出客户的常见购买顾虑，每位销售都应该熟练掌握，确保成交。

表 8-1　缓解购买顾虑促成成交表

类型	购买风险	预防计划	补救计划
战略风险			
实施风险			
部门利益风险			
个人顾虑风险			

表 8-1 中包含四种购买风险，我曾经帮助不少企业整理过，每个客户购买风险的相似度都很大，基本可以做到用一套表格解决客户购买顾虑，完成交易。和前面的工具表格作用相似，这个表格既可以用于自查，也应该是公司检查的工具，也是我们拜访客户话术的基础。

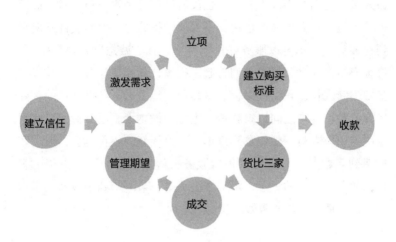

第九章

管理期望

合同并非销售的结束，而是服务的开始，就像领结婚证不是恋爱的结束，而是新生活的开始一样。我见过很多业绩出众的销售人员，他们并不能言善辩，也没有高超的销售技巧，但他们懂得一个道理：做人要有信用，做人要懂得感恩。他们或许不能拿到很多订单，却可以服务好每个客户，真心诚意以客户为中心，将客户当作衣食父母；他们看起来很笨，却能留住客户，其客户基础不断成长，积少成多，缓慢却稳定地发展，获得客户的良好口碑，并在客户之间口口相传，生意越做越大。还有另外一些很聪明的销售人员，他们拿到订单就去追逐新的销售机会，但当客户遇到问题时，只是协调售后服务去解决。他们留下失望的客户，如同掰玉米的猴子，掰一个丢一个，最终赚到小钱却丢了客户，这类销售人员通常做不长久。

客户满意度和口碑

我有位戴尔的老同事负责银行系统的销售工作，她当初的销售业绩平淡无奇，但她抱着坚定持久的信念，20年如一日地销售产品并为客户做好服务，如今她已经成为戴尔金融行业的销售总监，她当初接触的客户也成长为银行的骨干。他们一起经历过很多考验：产品短缺、到货延迟、严重的故障和事故，但最终一起解决了问题，经历了考验。尽管不断有厂家崛起，她还是有很好的业绩，因为客户信赖她的人品，能给的订单一定给她，不能给的也向她说明原因。

在签合同之前吃喝玩乐只是酒肉朋友，顶多是利益之交，客户算不得长期饭票，但是签了合同之后就得到了与客户患难的机会。

　　这也体现了人品，就如同金庸的《天龙八部》中描述的武功和佛法的关系，销售能力如同武功，心态和人品相当于佛法，虽不断提升销售能力，却人品低劣，刚开始成长速度很快，很快就会遇到瓶颈。到底是当个朝三暮四的过客，还是认同这个行业，天长地久做下去？如果愿意长期发展，就要做好服务，注重客户满意度。人要想做出些成就，必须沉下心来，踏实守信，朝三暮四看似聪明，却是走弯路，浪费时间。当客户签署合同之后，销售并没有结束，而是服务的开始，我们必须确保客户的满意度。

　　在大型采购中，还有一个非常现实的问题，就是收款。客户满意才会付款，如果不满意，客户不会付款。即使在消费品行业，客户不满意就退货也会导致前期的促销和推广都前功尽弃，还要承担运输和退货的巨大成本。不管短期还是长期，做好售后服务都是我们的责任。

互联网时代的口碑

　　在互联网时代，满意度带来口碑，口碑极大地影响客户的购买，这已经对传统销售模式构成了巨大的颠覆。越来越多的客户在网购时参考口碑，常常搜索相关产品，越来越不会详细地去看网页上的产品说明和描述。客户不仅看好评，更会研究差评，如果产品没有致命缺点，客户才会下单订购。收到产品后，如果包装精美，客户会拍几张照片在社交媒体上炫耀，其他人看见之后或许会询问产品好不好、推荐不推荐。客户分享使用心得，这比任何广告都有效，会极大地影响朋友圈的购买行为，这就是口碑的力量。

　　在互联网时代之前有一个统计，如果客户满意，平均会告诉七八位潜在客户，如果不满意会告诉十五六位。在互联网时代，口碑传播的速度和广度被社交媒体颠覆，当你发出一个精彩的评论时，可能被置顶，帮助成千上万的潜在客户购买。当在社交媒体晒出产品的时候，也能影响你社交网络中各位好友的购买，速度和数量远超以往。互联网导致销售发生了巨大的变化，营销跳出了传统概念。电商企业注重入口、流量、"爆款"、转化率和口碑，口碑再通过入口带来新的流量，与传统的产品定位、渠道、促销和价格策略一起，成为推动互联网销售模式的重要手段。

期望值和满意度

怎样建立良好的口碑？口碑由每个客户的满意度积攒形成。有人认为满意度由产品和服务质量决定，和销售团队关系不大，销售成功之后就"大撒把"，追逐下一个订单，这是很大的误解。客户满意度由客户期望值以及产品和服务质量共同决定的。期望值越高，满意度越低；期望值越低，满意度反而越高。这是人人都知道的道理。期望值从哪里来？它常常受到销售团队影响，我们为了让客户购买，大大提升了客户的期望值，却会导致客户满意度下降。

典型的例子来自一家号称专注极致口碑的互联网公司，但它常反其道而行。这家企业将要发布一款笔记本电脑，对外宣称此款笔记本电脑将比硬币还要薄！作为笔记本电脑发烧友，我听后"疯"了，如果真能做到这一点，那将要颠覆整个市场！这样做的技术难度极大，我心里有极大怀疑，可是该公司言之凿凿，我又不得不信。在笔记本电脑的发布会上，比硬币还薄的笔记本电脑终于亮相，还配了一张图片来说明。原来这个一元硬币不是躺着的厚度，而是竖起来的硬币直径。该公司真"聪明"啊，把客户都当傻瓜了。这家互联网公司赢了，很多人纷纷在社交媒体转发这张图，所有人都知道了他们的笔记本电脑。全是套路！可是，市场营销团队在达成宣传效果之余，有没有想想对口碑的影响？吹牛的确不用上税，可是如此拔高客户期望值，会获得好的口碑吗？这种玩笑这家公司开了不少，基本都是套路。它在达到高峰之后经历了断崖式的下跌，现在才意识到问题，开始缓慢地扭转印象。销量下滑和口碑不无关系，但口碑一旦形成，还能轻易扭转回来吗？企业千万不要为了一时的销量而牺牲口碑！

这家公司的产品，尤其是配置很有诚意，在性价比方面具有很不错的优势。可是，其营销是以产品为中心，而不是以客户为中心，这是它份额下降的关键原因。以客户为中心作为口号很容易，但能够踏踏实实变成方法论，落到实处，是不容易的。做人要本分，客户即使不是上帝，也不是傻瓜，在销售和服务过程中应该多一分踏实和质朴，少一分忽悠和取巧。海尔电器在改革开放之初，其产品质量不合格，创始人张瑞敏勃然大怒，砸掉有瑕疵的冰箱，不让不合格的产品流入市场，这直到现在都值得我们学习。

客户不是上帝

很多企业都宣称客户是上帝，但我并不认同这个说法，有时候甚至相反，比如在"果粉"眼中，乔布斯才是受膜拜的"上帝"，有人即使"砸锅卖铁"也要购买苹果手机。既然客户不是上帝，我们就不能无条件地为客户服务，这毕竟包含大量的成本，我们只能去管理客户的期望值。

管理客户期望值

实际上，即便自身产品过硬、售后服务能力很强，也要管理好客户期望值，因为客户永不知足，随时准备"找下家"，而在现在这个充分竞争的时代，客户应当是被销售"宠"的，但"宠"客户应该来自服务细节，而非惊天动地的大声"示爱"，无限提升客户期望值，让客户觉得一切都理所当然。该"宠"肯定要"宠"，但是之后一定要进行期望值管理。

销售和管理期望值之间存在矛盾，销售人员处于两难之间，既要提升客户购买欲望又要降低其期望值，这本身就存在矛盾。就像在签约仪式上客户问你："你能保证项目成功吗？"第一个答案是："多谢领导信任，我们已经做好充足准备，保证完成任务！"第二个答案是："客户请自重，项目成功既取决于产品和服务，也取决于你们的配合，任何产品都有瑕疵！谁敢保证？"这样回答的话，客户还会签合同吗？肯定不会。很多时候，我们需要热情和真诚，不能只有冷冰冰的逻辑。

管理客户期望值的关键在于时机，当我们与客户签署协议，并拿到预付款之后，才可以管理客户期望值。一般来说，我们可以将签订合同分成四个阶段：蜜月期、磨合期、成功期、平淡期。下面我们分别进行阐述。

蜜月期和磨合期管理

该晒幸福的还是要晒，该"宠"客户的也要继续"宠"，但必须讲清楚、说明白服务底线。关键在于时机，签合同收了预付款，客户流失的可能性会大大降低，此时管理客户期望值就没有了后顾之忧，可以更理性地和客户沟通了。

蜜月期管理

从签署合同到产品到货通常会有短暂的时期，如同度蜜月，这是管理客户期望值的最佳时机。我们应该与客户沟通："尊敬的客户，感谢您选择我们，我们必将全力提供优秀的产品和服务。"然而，任何产品都可能有瑕疵，我们需要做好预案，确保万无一失。首先，我们已经提前下了订单，到货后使用的配套环境准备好了吗？如果没有准备好就会影响按时投入使用。一旦产品出现瑕疵，我们应该有对策；万一实施不顺利，也该有计划。这样既降低了期望值，又拿出了预案，从而能应对随着产品到货而来的磨合期。

磨合期管理

磨合期是指从产品到货到正常使用产品的这段时间。客户使用我们产品的时候常常不会一帆风顺。我做销售时遇到过严重的事故，工程师安装完毕刚上飞机返回北京，网络就整体瘫痪了，30多个电信营业厅瘫痪，交话费、故障处理、开通服务，全部都得停止。工程师一落地北京，我们就联络到他，于是他立即返航。重新启动系统后观察了一夜，可谁知道，他返回北京当天，系统再次瘫痪，连当地报纸都刊出了这一新闻。我连夜前往客户现场，一起解决问题，其实我不懂安装，只起到了沟通的作用。当时系统特别不稳定，随时可能宕机。工程师认为是软件问题，需要研发部门升级软件，于是提出了一个临时解决办法：一旦宕机，立即重启，十几分钟就能恢复。客户当然不能接受，这么重要的营业厅系统竟然频频死机，简直不可想象。但现在根本没有其他办法，客户不想声张，因为一旦被上级领导知道，后果非常严重，谁都承受不了，大家都尽力瞒着。一周之后，消息层层上传，到达我的大老板那边，他订机票从台湾来到客户现场，与我一起拜访客户。客户非常愤怒地指着窗户说："今天不解决问题，我和他就从这儿跳下去，你看着办吧。"我的老板也解决不了这个问题，这属于软件的设计缺陷，需要实验室重新开发，不是一时半会儿能解决的。我"捏了一把汗"。老板不慌不忙，拿出一台 ThinkPad 递过去道歉："首先非常抱歉发生这么严重的问题，这是最新型号，送给您使用。"客户没收，我的老板只好将笔记本电脑放在茶几上说道："我们已经找到了原因，比较复杂，实验室正在开发新版本，解决问题的时间还难以确定。"客户听到这话脸色立即沉下来，我的老板说道："我保证，只要问题不解决，工程师就不离开，确保营业厅的正常工作。"客户脸色稍好了一些，我的老板表示："这次事故全是我们的责任，如果有必要，我去向上级部门解释，把事情说清楚，我们不推卸责任。"

我特别佩服我的老板的镇定自若，他停留了几天，把所有领导都见了一遍，晚上一起商量对策，跟研发部门沟通，为客户力争时间。他走后一个月，新版本出来，升级大功告成。我心里七上八下，因为很快就有第二期采购，我担心因为之前的故障而影响到第二期的采购，谁知客户根本不受影响，按计划采购了价值200万美元的产品。客户后来告诉我："我们这么多建设项目，出问题的多了，这很正常，你们态度还是很好的。"

回想我的销售经历，这种经历很难得。大多数时候，是我们有求于客户，两方地位不平等，但是合同签了，地位就调整了：客户花钱之后提心吊胆，就像病人看医生，有求于我们。如果我们怠慢客户，必然会对未来的生意造成潜在的影响；而如果诚心诚意地和客户一起解决问题，与客户的关系经过磨合和考验，对我们大有裨益。采购有风险，客户有了稳定的供货商，一般不会随便更换。而且小订单利润可观，我服务的另一家公司曾经统计过，有一段时间，小订单占销售额的比例大概在30%，却占了利润的大头。通过这件事，我还意识到，在处理产品问题时，应该先处理客户的心情，再去处理事情。售后服务工程师是去解决问题、处理事情的，而我们销售团队必须去处理客户心情、照顾客户情绪。

成功期和平淡期管理

当客户验收的时候，采购进入成功期。我曾有一个项目实施不顺利，很担心收不成款。在最终验收之后的聚餐上，我们请领导发言，在征得客户同意后，举起手机原原本本地录了下来。这段视频用途极大，既可以拿视频找财务要钱，又可以作为标杆，拿给其他客户看。收款是有很多办法的，最重要的是要用心。

成功期管理

在大型采购中，客户常采取分期付款方式，如首付30%，到货验收付60%，验收后六个月内付尾款10%；有些更复杂的项目，还要分四次或者五次来收款。能不能拿到款，很大程度上取决于客户的满意度。当产品到货和实施之后，通常会举办验收仪式，稍稍庆祝一下，既犒劳了双方的实施人员，加深感情，也是为了更容易收款。验收是购买进入成功期的标志。

每个成功企业的背后都有很多成功的客户，当客户进入成功

219

期之后，销售人员应该将成功的客户当成标杆，作为推广的堡垒和根据地。我们从事培训和咨询行业，从不主动推销，超过一半的生意来自老客户的转介绍。对于我们来讲，衡量是否成功的标准只有一个——有没有第二次合作，否则即便收到全部账款，也不算成功。在互联网时代，这种标杆和分享的方式极为重要，善用社交网络以及购物网站的点评，将能为我们带来大量的流量和良好口碑。

平淡期管理

平淡期就是所谓的"七年之痒"。

一家印刷公司一直为我们印教材，我们多年来一直比较满意，但总觉得应该改善教材的质量，比如采用彩色印刷和更好的装订方式，然而这家公司一成不变。我们提过几次，知道大概是印刷设备的原因导致始终没有变化。我们接触其他的印刷公司，试图寻找更好的解决方案，但由于成本原因，我们更换了印刷公司之后，最终还是采用了黑白印刷，只是调整了尺寸和装订方式。这件事给了我启发，先前那家印刷公司为什么会失去我们的生意？显然，客户不是一直忠诚于某个产品或品牌的，更不会死心塌地。他们喜欢猎奇，充满好奇心，而且常常很苛刻，随时准备购买其他公司的产品或服务；他们往往希望降低采购成本，却要求得到更好的产品和服务。大多数企业在采购消耗品的时候，要求每年招投标，货比三家后再决定购买份额，并且会替换不满意的厂家。婚姻也是这样，分手常发生在两个阶段，即磨合期和平淡期（七年之痒），原因却截然相反：发生在磨合期是因为双方的矛盾和分歧无法调和；发生在平淡期是因为老夫老妻了，日子越过越平淡，彼此间没有了吸引力。那家印刷公司就是这样，它的生产设施没有改善，装订方式也没有新鲜感，平平无奇。

这是很可怕的情形，我们必须调整心态，不能总是一成不变，没有创新，这就意味着老客户终将离去。相反，我们应该保持活力，推陈出新，不断为客户带来新鲜感，感情才能历久弥新。

IBM 公司在这方面是高手，很多客户几十年如一日地跟随它。我在 IBM 公司工作时，有一天在办公室听到广播，要求我们到会议室观看录像，这极为少见。在我的印象中，只有发生火警才会动用广播系统。我来到会议室，看见一个胖胖的穿着深色西装的"老大"在电视中表现得激情四射，他是当时 IBM 公司的总裁郭士纳，他在大谈电子商务："我们未来将在互联网上看电影，在互联网上看奥运会直播，在互联网上购物，未来将是电子商务的时代，IBM 将是电子商务的领导者。"那是二十多年前，那时上网还用"猫"，速度慢得不得了，怎么可能在网上看电影、在网上购物？

当时我觉得公司是骗子，参加培训之后，按照公司要求与客户大谈未来，大谈电子商务，我感觉自己也是骗子。我常问客户："您这个行业未来五年或者十年会变成什么样子？"客户茫然摇头，我就会向客户说："电子商务！未来客户将在网上支付，而不在营业厅，由于电子商务的普及，数据流量收入将快速增长，甚至超过语音业务。"客户将信将疑，我就推荐他们参加 IBM 大型论坛，畅想未来。IBM 还请了很多科学家在全球一百个城市举行大型论坛，我当时仍然不太相信，直到今天在网上追剧，在京东上购物时，我才知道自己不是骗子，而是一个没有看清未来的傻子。

我们不仅要和客户谈现在的需求，还要谈趋势、谈未来，这是激发客户兴奋点的关键。真正好的销售不仅要为客户说明白，还要把客户说糊涂，这样客户才有需求，才能按照我们的产品路线发展。IBM 有一些很棒的销售，比如我的朋友韩玮，他总能颠覆客户的认知，或至少让客户充满好奇。

IBM 每隔五年到十年就会创造出一个新的概念，事实证明这是正确的预测。又过了几年，IBM 提出了"智慧地球"的概念，我当时想不明白，IBM 又不是农业和环保公司，做这个干吗？后来 IBM 的"智慧地球"开花结果，"智慧城市""智慧医疗""智慧交通"盛行，交通管理部门架设摄像头，监控违章减缓拥堵，这些概念都源自"智慧地球"。现在，IBM 又推出"认知计算"，我现在仍然搞不懂其内涵是什么，但是我知道这是对的；客户肯定也糊涂，但他们至少感到了新奇，给了我们创造需求的新机会。

如同所有的巨无霸一样，IBM 这家百年老店步履蹒跚，辉煌不在，被当年不起眼的对手纷纷超越，比如苹果和微软。当人工智能时代到来的时候，IBM 再起劲儿鼓吹，也已经不能引起客户的重视了。销售可以以客户为导向，但是企业绝不能只注重客户，技术创新也是企业的核心支柱。

签合同绝不是结束，只是服务的开始，通过蜜月期、磨合期、成功期和平淡期，才能扎根于客户，企业才能基业长青。对于我们个人，确保客户满意是责任也是义务，有始有终、言出必行，才能在收获订单之后，再收获人心，人脉广阔、眼光长远，道路越走越宽。然而，销售并没有结束，一个订单结束的标志并非签合同，也不是交换和验收，而是收款。

第十章

收　款

销售重要还是收款重要？这是一个必须搞清楚的问题，因为很多企业存在严重的应收账款问题。极少数的人说："收款是销售的一个环节，当然销售重要。"也有人说："销售和收款同样重要，但是企业以追求利润为天职，收款是销售的目的，目的重于过程。"这就像足球比赛，踢球重要还是进球重要？决定是否出线是否夺冠的关键是进球，而非比赛过程。

举个例子，一笔10万元的销售线索重要，还是一笔10万元的应收账款重要？显然是应收账款。假设企业毛利润是10%，100万元的订单才能产生10万元的现金流，还要花费销售费用，谁也不能保证能够赢下来。所以，我常说，应收账款的重要性是销售线索的10倍。

销售和收款都是企业的核心，企业追求发展，而发展意味着销售收入、人员、生产和服务设施的扩张，这就是所谓的做大。发展的第二个维度是盈利、控制成本，通过差异化产品和服务获得更好的利润，这是做强。企业经常讨论先做大还是先做强，其实企业发展还有第三个维度，就是资产的流动性，它决定企业的发展速度。很久以前是"大鱼吃小鱼"的时代，后来是"强鱼吃弱鱼"，现在则是"快鱼吃慢鱼"。

资产流动性的重要性不低于销售收入和利润。如果用100万元做生意，利润滚入周转资金，一年周转一次，每年获利10万元；如果一个季度周转一次，获利就是46.4万元；每个月周转一次，一年就可以获得200多万元的利润。销售价格和利润率不变，加强资产的流动性，经营结果就大大不同。

资产之中，最具有流动性的是现金，或者说，现金就是企业流动的血液，现金一旦转变为固定资产、生产资料和库存，流动速度就会下降。迅速生产和销售、尽快回收账款，已经成为企业的核心竞争力。企业必须尽量保持低库存，若能做到收到客户预付款后再付给供应商，账上便有惊人的现金流。现在的互联网企业更是依赖现金流，比如微信通过发红包和支付功能，鼓励用户绑定信用卡，沉淀现金流，由此腾讯获得了数百亿规模的资金，哪怕存在银行都有巨大的利益。蚂蚁集团的支付宝也是如此。

从某种意义上说，决定企业生死存亡的不是产品，也不是人才、技术和品牌，而是现金流。有了现金，企业就可以找到人才，买到技术，做出产品；没了现金，即使有好产品，也难以为继。必须控制资金的出入，才能提升现金流。现金从采购流出，流入端是收款，收款是改善企业现金流的核心之一。在大型复杂的采购中，客户通常只支付预付款，到货并验收合格之后才能付全款，这往往需要耗时半年到一年甚至以上，一旦控制不好，应收账款便会变成烂账，严重危害企业现金流。资金链的断裂存在极大的偶然性和突发性，现金在企业、供应商和客户端流动是一个动态的过程，一旦金融环境变化，市场震动、资金链抽紧，企业现金流就会迅速崩溃。现金流的管理必须常抓不懈，否则企业就如同充满漏洞的大船，风雨一来立即倾覆。

收款存在激烈竞争

假定你欠 A 和 B 各 1 万元，A 的钱是你前年借的，答应去年还，B 的钱是你今年年初借的，答应年底还，现在你手里刚好有 1 万元，会先还给谁呢？按理说，应该先还给 A，但是已经失信在先了，他还会再借钱给你吗？所以企业为保持信用，当然先还给 B，而不会先还给 A。这个例子说明，催款要及时，不能熬年头，"坐冷板凳排队"。还有，如果有人催款催到了你的家门口，你也不得不对其优先考虑，所以说催款一定要及时，力度一定要大。

有人认为，签合同前有竞争，之后就没有了，所以不急于收款，这是极为错误的想法。合同签订之后竞争对手更多，员工的薪水、办公场所的房租和水电费，这些付款的优先级都高于某家供货商。无数人在催款，客户的资金有限，一定要排个顺序。平时还好，一旦资金紧绷，所有厂家都打破头似地要收款，竞争对手之多，远超与你争夺订单的三五个同行。我曾经有位朋友被厂商欠了一大笔钱，企业宣布停业后，他第一时间上门讨债。他到达的时候吃了一惊，无数供应商的人马堵在门口，那景象真是惊心动魄。只有见过这种场面的人，才知道要钱的人有多少、竞争有多激烈。

收款必须纳入绩效考核

有一家电力系统的领先企业，产品和技术实力很有竞争力，然而收款管理极为混乱，应收账款达到了几十亿元。在电力行业处于下调周期时，这家企业的压力大，举步维艰。通过访谈，我们发现这家企业的销售团队以签合同为终点，绩效考核和提成很不合理，与收款无关。这家公司的销售提成是1%，年底计算合同和收款，假设合同约定金额为1000万元，有800万元回款，那么销售员可以拿走8万元提成，这看起来公平，其实存在严重的问题。这家公司的利润率大约是10%，如果变成无法回收的烂账，意味着公司还有100万元负利润，而销售人员却拿走了8%的提成，因此没有动力去收款，而是选择去追逐新订单，以拿到更多提成。这家公司的销售人员流动率极高，人走茶凉，收款工作也就更无人关注。

另外，销售团队与使用部门谈需求、与采购部门谈合同，却常漏了财务部门，甚至不知道财务部的门开在哪儿，这就为收款制造了巨大的难题。销售团队天生喜欢追逐订单，他们认为到货验收属于售后部，收款属于财务部，销售人员卖完就跑，根本没有意识到收款的重要性。要想改变这一点，就必须改变绩效考核方法，扭转观念并与实际利益相结合，绝不能让销售人员只关心签合同不关心收款。

绩效考核的方法

有许多计酬方式常常只注重销售收入和毛利，忽略了应收账款。要想制定合理的考核方法，必须区分应收账款和烂账。换句话说，企业要根据欠款的严重性，设定合理的考核目标。与应收账款相比，烂账更适合作为绩效考核的依据。有人认为，烂账就是无法收回的账款。这是错误的定义，将导致无限期地拖延欠款。按照财务规定，烂账应该从应收账款中计提。

应收账款：按照合同应该回收但还未回收的账款。

烂账：根据财务计提规则计算出来的应收账款。

一般来讲，对付烂账的常规做法是采取计提方式（见表 10-1），收款问题严重的企业，或者安装和验收周期较短的企业，常会缩短计提时间，企业应根据实际情况调整计提时间和比例。

表 10-1　烂账计提方式

企业性质	一个月	两个月	三个月	半年	一年	二年
常规		10%	20%	30%	50%	100%
应收账款严重	10%	20%	30%	50%	100%	

$$绩效奖金 = 当期销售利润（销售收入）\times 提成比例 - 当期的烂账 \times 提成比例$$

这种方式只是一种参考，每家企业的战略不同，经营目标也不同，应该灵活调整应收账款和其他考核指标的关系。考核时还应该注重团队协作，销售和主管有不同的考核目标，如果应收账款问题不严重，可以把烂账作为销售主管的考核目标；如果问题严重，大家一起分摊这个指标。这一点特别重要，不和利益挂钩，公司的强调和压力都会变成老生常谈，无济于事。

每个企业的绩效考核方式不同，阶段性经营目标不同，不同区域的应收账款严重性也不一样，绩效考核方式因人因时因地各不相同，需要通盘考虑。绩效考核是解决催款动机的有效方法，但防患于未然，避免产生应收账款才是第一位的。那么，造成应收账款的原因是什么？应该怎么应对？

造成应收账款的原因有三种：恶意欺诈，客户因质量问题拒绝支付，客户不愿意支付。针对这三种情况，我们有不同的收款策略。

防范恶意欺诈

我印象最深的恶意欺诈出现在 20 年前，当时一家全球销量靠前的个人电脑公司，为了迅速在中国市场"再下一城"，强迫经销商吃下大量库存。这种情形很常见，既可以在短期拿到业绩，又可以占据经销商库存，迫使他们多卖自己的产品。由于这家公司内部钩心斗角，新的中国区领导上任后产品突然降价，使经销商措手不及。如果库存电脑按照新价格出货，必然血本无归；而如果按照原价销售，库存卖不动，必然变成废铜烂铁。电子产品贬值极快，经销商不敢压货，但又不愿意降价出货，恼羞成怒地与这家公司交涉，但对方态度傲慢。这几个经销商于是碰头协商，决定继续大量吃货。这家公司心里"乐开花"，在那一年成为中国市场第一。但它的乐观情绪只持续了半年，就发现经销商降低了付款的速度却继续大批量进货，催款时，经销商就打过来一些，然后再进一大批货，渐渐在手里积攒筹码。时间久了，经销商压了数万台电脑，金额达上亿美元，这家公司收款恶化，严令不付款不给货。经销商旧事重提，要求它补偿降价带来的损失，否则拒绝付款。

双方关系极度恶化，水土不服的这家美国企业将经销商诉之法庭，协商彻底终止。这个官司轰动一时，美国政府也为这家公司发声，成为不大不小的政治事件。最终，这家公司赢了官司却一分钱都没有拿到。经销商将资产转移，法院执行的时候，公司早已没有了值钱的资产。这家公司从此在中国一蹶不振，上一年还是中国市场第一，第二年便退出前三，后来被并购，在中国市场几乎销声匿迹。因为应收账款，它在中国多年的努力耕耘毁于一旦。这种例子数不胜数，许多公司都是因为经销商或者分公司恶意拖欠账款，导致资金链断裂，企业彻底崩盘，创始人的人生也走向谷底。

在防范恶意欺诈方面，我们要注意做好以下审查。

营业执照审查

恶意欺诈容易发生在渠道和代理之间，双方恩怨纠缠，难分难解，在生意欣欣向荣的时候，大家都能赚到钱，矛盾被隐藏，一旦生意不那么景气，矛盾就会激化，极端情形就是恶意欺诈。面对恶意欺诈，由于妄自尊大和对中国国情的不了解，上述案例中的公司采取了完全错误的对策，最终赢了官司却于事无补，因为经销商早就做好了准备。所以，为了避免恶意欺诈，企业应该做好预案，将风险消弭于无形。只要分期付款，第一步就是营业执照审查和核实，最为关键的是对方的注册资金，分期付款的总额不能超过注册资金的一半，这样可以缓解代理经销携款潜逃的风险。我们还应该在网站上查询对方的信用情况，一旦存在违约和纠纷，生意可以继续做，只是必须先把款付清。

合同审查

由于我服务的外企的直销模式要求销售团队采用公司的标准合同，刚进入中国市场的时候，遇到过很多麻烦。我曾经参与央企的招标，客户拿出了标准采购合同准备签字，我们说要送到公司法律部门审查，客户马上不乐意了，指着外面的厂商说："他们的印章就揣在兜里，拿出来就盖章，你就不能随身带来吗？"我都不知道该怎么解释。外企的律师是美国人，我将客户的要求翻译成英语，一条条解释，律师说着和我们完全不同的语言，每个英文单词我都懂，连成一句后却不明白，从此我对企业法律部门留下了心理阴影，基本不敢和他们说话。合同中有一条："因乙方产品质量问题造成的损失，乙方将承担损失。"我们的律师坚决反对这一条。

央企客户没有遇到过这样的事情，这是他们的标准合同，从来都这样执行。因为与之合作的当地小公司注册资金通常只有几十万元，真出了要命的大事儿就倒闭了。我们公司是全球性公司，这批产品用于电力计费，如果真的造成几亿元的损失，不能因为100万元的合同，将整个公司的利润都搭进去。一时谈判双方陷入僵局，客户垂头丧气，如果不是公开招投标，肯定就放弃这家不听话的外企了，现在招投标已经公示，他们也骑虎难下。现在是律师之间的战争，我们和客户都无能为力，只能隔着办公桌发呆。最终，外企律师拿出了《中华人民共和国合同法》[○]，指

　○　2020 年 5 月 28 日，十三届全国人大三次会议表决通过了《中华人民共和国民法典》，自 2021 年 1 月 1 日起施行，《中华人民共和国合同法》同时废止。

出这家客户的标准合同条款属于无限赔偿条款，而《中华人民共和国合同法》中有一条，大意是"赔偿金额应在合同中约定，不能无上限赔偿"。

这家客户面对国家法律，不得不低头，在赔偿条款后面又加了一条："赔偿金额不超过合同金额。"双方于是达成协议。好在我们和客户的纠缠并没有影响到客户关系，客户领导后来还特别说了："我们要多和正规公司打交道，那些小公司什么都敢答应，像那个无限赔偿条款，谁能做到？就算对方答应了，一旦真出了问题，一家注册资金只有几十万元的公司拿什么赔偿？"当产品和服务产生瑕疵的时候，双方必然以合同为准绳，如果没有慎重地审查合同条款，就会处于被动。

因为质量导致的应收账款

很多客户因为产品瑕疵拒绝支付货款，要求必须解决问题才能付款，这是合理的要求吗？

我曾向某客户销售了300台笔记本电脑，产品到货之后开箱验货，有15台不能开机，客户很生气，严令尽快更换，否则不会支付货款。公司坚持客户先付款，客户极为生气，认为产品质量这么差，怎么能验收付款。我理不直气不壮地坚持："您订了300台，只有15台有故障，要不先把那285台的款付了？"客户被气笑了，认为15台不能开机，合同不完整不能执行，更换才能付款。我和物流公司唱起了双簧，物流公司坚持立场，如果不验收付款，就将300台全部拉走。我扮演和事佬的角色，客户急于使用产品，最终验收付款，同时签署备忘录，要求我们在15个工作日内更换电脑。

　　到底谁对谁错？15台电脑有故障，产品质量确实有问题，是不是应该更换之后再付款？很多财务规定不严的公司都会这么执行。可是更换了15台电脑之后，客户会不会又找出其他瑕疵？如果再去解决新的瑕疵的话，会不会货款一直拖下去？这是一个可怕的结果。任何产品都有瑕疵，那么，客户是不是可以一直将货款拖延下去？

　　更可怕的是，很多销售人员理所当然地认为，产品有瑕疵，客户当然不应该付款，这是导致应收账款的一个重要原因。我们一定要区分瑕疵和产品质量问题，如果300台电脑有100台不能开机，当然属于质量问题，可是15台属于瑕疵的范畴。一般来讲，合同中一般没有严格的规定，这就需要我们力争，通过售后服务解决问题。在这个过程中，销售人员通常扮演协调者的角色，公司应该建立坚定的收款控制流程。

　　瑕疵和产品缺陷之间的界限很模糊，比如去麦当劳点了一杯可乐，服务员给倒了半杯冰，这算不算瑕疵？购买蔬菜和水果时，称重后发现少了30克，这算不算缺斤少两？《零售商品称重计量监督管理办法》中明确指出：粮食、蔬菜、水果或不高于6元/千克的食品，称重$m \leqslant 1$千克的，允许有20克的误差；1千克$< m \leqslant 2$千克的，允许有40克的误差；2千克$< m \leqslant 4$千克的，允许有80克的误差。可是大宗商品采购却没有明确的规定，引发了不少争议，对此销售团队只能据理力争。

建立质量和收款的控制流程

　　刚性的控制流程和友好协商是收取应收账款的保障，销售人员常常承担后者的角色，而企业应该建立详细、严格的规章制度。从签订合同开始，到生产、出货、到货和验收，都需要有详尽的记录，并发送给客户。生产时发出开工通知，出货时发出货函，到货要有验收报告，让客户看见从生产到运输的全过程，尽早打消客户退货的想法。这是人之常情，比如我们在餐馆吃饭，一道菜久等不到，我们会威胁要取消这道菜，服务员通常都会说："厨师正在装盘，马上到。"我们一般都会再等一下。另外，对于应收款财务还要发出催款函，客户不会主动翻看合同去查找哪笔款项到期了，他们希望你不来催款，好把资金都留在自家企业。一旦客户没有按照合同付款，企业的财务应该立即发出逾期支付函，提醒客户每天有多少的逾期罚款。很多销售员害怕得罪客户，不喜欢这样的流程，其实这是正常的商业流程，也不需销售团队介入，双方财务可以直接沟通。这些文件对于收款意义重大，本身就是书面的催款通知，一旦出现争议，这些文件也将作为双方争执的依据，甚至万一诉诸法律，这些文件也会成为重要的证据。实际上，这些文件才是双方私下和解，而不用走向法庭的关键。

催款流程

即使避开恶意欺诈和产品质量带来的应收账款，欠款还是常常发生的，原因特别简单，谁都希望将资金放在自己手中，能拖就拖。我们应该两手抓、两手硬，做好防范工作，同时也应该强化催款流程。

协同收款

一旦发生应收账款，第一步当然是财务启动催款流程，财务对财务，通过到货函、催款函和逾期通知函来收款。如果催款不顺利，则应编制到应收账款的报表中，发送给销售团队，提醒应收账款可能变成烂账，影响每个人的绩效考核。

销售团队也要参与催款。有一家规模很大的展示公司为客户定制专卖店的展示货柜：一种直柜和一种转角柜。直柜在广东生产，转角柜在江苏生产，当时正好是江南梅雨季节，气候潮湿。生产完毕，质检过关，发货到客户在全国的几百家专卖店。当客户打开包装时，发现两种货柜的颜色不一样，有严重色差。客户当然拒绝付款，要求厂家将货柜重新运回刷漆，工作量巨大，成本肯定增加，而且气候已变，即使收回一种货柜重新刷漆也不能保证颜色一致。这属于瑕疵还是严重质量问题？双方有了分歧。客户拒绝验收，尾款将近 2000 万元，势必对企业造成严重打击。这家企业早有对应流程，销售全力以赴收款，负责与客户沟通。然后，公司派出收款小组，其中一人曾是公司的保洁阿姨，脾气特别好，受过训练之后，也懂些售后服务和财务知识，她的职责是在客户负责人家里做思想工作；另一人来自公司保安部门，人高马大，在旁边陪着。再加上销售员，三人组成收款"铁三角"，从夏天一直到秋天，但质量问题解决不了，客户仍然拒绝付款。这家企业的专卖店计划在中秋节前开店促销，销售常到店面侦察，专卖店促销计划已定，根本不可能不开店，纷纷将陈列柜安装起来，堆上产品和各种宣传图片，一般顾客根本看不出来色差。销售拍了照片，拿到证据，此时销售总监再出面拜访客户，同意回收全部货柜，重新上漆，并按照约定的违约金认罚。客户无言以对，陈列柜已经投入使用，不可能再把产品下架，只好妥协。经过双方协商，以剩余货款支付 80%，将此事了结。客户还算满意，货柜不影响使用，还节省了购买成本，这家展示企业在这笔生意中无利可图，却避免了一场应收账款的灾难，吃一堑长一智，以后严格控制色差，也算交了学费，避免了最糟糕的情况发生。这家企业现在的原则是，收款比天大，企业活下来就是胜利，收款是核心竞争力。催款不能单打独斗，应组建收款队伍，当作一场硬仗来打。

收款是核心竞争力

同样是为了避免烂账，另外一家灯具企业采取了相反的做法。很多房地产企业销售精装修楼盘，购买照明灯具，但由于市场不景气，从而导致房企资金链紧张。为了规避收款风险，这家企业从2015年开始，放弃了部分房企市场，"壮士断腕"，彻底避免了收款风险。这是极端的做法，企业应该建立黑名单，将那些具有金额较高的应收账款的客户列在名单上，对于这类客户，生意可以继续做，但是必须付全款，绝不在"泥潭"里奔走。

面对应收账款困局，诉诸法律是最后一步，很多企业对此顾虑重重。一家煤炭挖掘设备公司向东北某煤业集团销售井下设施，前几年生意极好，煤业集团大把花钱，有一段时间经济下行，煤炭价格暴跌，设备公司大量账款无法回收。这家设备公司与客户感情极深，迟迟不采取法律行动，只好暂停销售，向其他行业转型。幸好，这家设备公司在十年前曾在北京购买了地产用于办公和生产，10年间所购不动产增值了数倍，资金雄厚，而其他企业由于烂账陷入困境，只好诉诸法律。这家设备公司为了避免诉诸法律，与煤业集团私下协商，虽然没有拿回全款，却也没有血本无归。没有支付能力的客户就是劣质客户，失去也不可惜，做企业不是做慈善，收款是企业的权利。实际上，律师对律师，不一定得罪客户，反而可以赢得客户尊重，但在大多数时候，双方是可以协商解决的。收款绝不能过于依赖法律，一审、二审耗时极长，即使赢了，也常拿不到钱；而一旦官司打输，客户破产，拍卖资产之后先支付员工欠薪，然后是政府税收，轮到供应商的时候，恐怕"一口汤"都分不到了。所以，法律手段常起到威吓的作用，慎之又慎，却是实现协商和和解的有效手段。

　　收款永远是销售的最后一步，然而，这只是一个订单销售的结束标志，我们应该推动客户产生新的需求，完成下一轮的销售，巩固客户满意度收款，形成良性循环。销售方法论也不是到此为止，我们还要在销售方法论的基础上构建企业销售指挥体系，并向下演变成为能力体系和销售技巧，影响我们和客户的沟通，促进销售发展，我们将用两章来介绍。

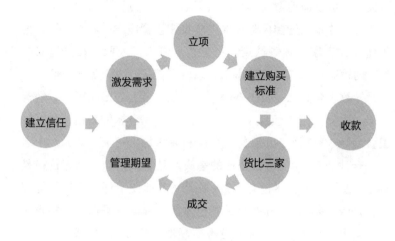

第十一章

销售指挥体系

　　我们前面谈到，价值竞争的核心从以产品为中心转变到以客户为中心，完成了以下五个方面的变化：从产品性价比转向投资回报率；更全面地覆盖客户购买周期；从单点到全面"开花"的客户关系体系；管控风险；促进应收账款管理。一家本土餐饮企业拥有数千家连锁餐饮店，员工达数万人，采取"农村包围城市"的策略，从二三线城市向一线城市扩张。由于房地产价格上涨，导致租金高涨，员工薪酬水平增加，极大地影响了公司经营业绩。比如，在北京的五道口开一家200平方米的餐馆，每天房租就高达3000元，员工薪水和福利大约每人每天200元，十名员工合计2000元。这家企业的拳头产品是汉堡包，销售价格是8元，假如每个汉堡包有2.5元的毛利，即便不计水电燃气等成本，每天必须销售2000个汉堡包才能实现盈亏平衡，平均每小时要卖出100多个。企业经营不易，要发展无非有两条道路：一是提高效率、降低成本，类似于沃尔玛、富士康和京东；二是创新并提升价值，比如苹果和谷歌。企业要么向上升级，要么向下沉淀。这家企业选择了后一条道路，对供应链精益求精，不断创新，发展壮大，而那些坚持低成本、不断压缩店面环境和员工福利的餐饮企业大规模走向倒闭。

　　企业唯有坚持创新，坚持以客户为中心，才能度过"冬天"，等待下一波经济浪潮的"春天"。转型一定有两个维度，一个是在制度和流程方面，另一个是人的转变，比如心态和专业能力。人的转变和制度的转变缺一不可，否则就是单轮行驶，内部磨损，消耗极大，销售方法论不能落地，只能发挥极小的效果，以客户为中心只会是一句口号，不能变成企业的核心竞争力。在这一章里，我们将站在更高的角度来看待以客户为中心的销售方法论，以此为基础构造企业销售指挥体系。

销售漏斗管理

销售漏斗管理又叫商机管理、销售线索管理，本质上是对销售过程的管理，是复杂销售模式下管理销售过程的通用管理方式，为广大企业所采用。比如，华为的 LTC 就是把从线索到收款的流程管理起来。如果企业已经采纳销售漏斗管理，只要修改漏斗阶段的设置，就能从管理制度上完成从以产品为中心到以客户为中心的转变。然而，很多企业还没有销售漏斗管理的概念，所以我先来完整地介绍这个方法。

管理销售过程的工具

订单是既成事实，唯有过程才可以管理，销售漏斗是管理销售过程的工具。很多大型采购的时间短则持续数月，长则一年，若加上回款周期，甚至会更长。在这个过程中，企业投入人力和财力，稍有不慎，便会丢失订单，前功尽弃，因此过程不能不管。比如，一家企业销售收入 5 亿元，平均每个订单 100 万元，赢了大约500 个订单，如果胜率是 30%，就是找到了 1500 个销售线索。如果明年要做到 6 亿元，必须赢 600 个订单，找到 1800 个销售线索，这从哪些客户来？从哪个地区来？从哪个行业来？这就是"吃着碗里"的订单，看着"盆"里的销售机会，惦记着"锅"里的目标客户。

形成共同的销售战术语言

大多数中小公司见到生意如见到猎物，拎起刀枪就去打，没有章法和配合，也谈不上战术，更谈不上共同的销售语言。企业需要一套打法和套路，并形成企业共同的销售语言。比如，我参与华为咨询项目的时候就能够感受到其共同语言，即"发现第二根骨头，拉长两端，做厚中间。'铁三角'前期能够挖到土豆；中间筑堡垒，为对手埋地雷，呼唤炮火，取得'重装旅'支持；后期管理预期，减少实施风险，形成作战蜂群"。企业外的人很难全部听懂，其实"发现第二根骨头"是指跳出传统的销售流程，深入研究客户的采购心理、周期和行为；"拉长两端"，是指不仅要做好招投标工作，还要挖出看不见的需求；引导客户采购指标，将优胜指标"埋进去"，"筑起堡垒"，把对手的致命缺陷体现出来，"埋下地雷"；销售之后还要管理实施风险，确保客户满意度和应收账款的回收。其中，"铁三角"由负责关系的客户经理、负责技术的售前工程师、负责服务的实施工程师组成，并在细分市场充当先头部队，将小项目"一口吃掉"，一旦遇到大型项目，总部的解决方案就是"重装旅"气势汹汹"杀"过来，团队作战，毕其功于一役。通过上面这段话，我们能够看出来，华为有自己的强大的销售套路，而且能够"吃透"，并用自己独特的语言表达出来。我接触过很多销售团队，与其简单聊一聊就能判断出这家公司有没有自己的套路和打法。

　　大型企业应该采用矩阵式销售，其客户经理负责建立关系，冲在最前，技术团队在后方支持。然而，团队作战并不容易，团队成员之间必须有共同的语言，在会议上把情况说清楚，比如客户处在什么采购阶段、发起者是谁、决策者是谁、客户痛点是什么、投资回报率是多少；如果客户在设计采购指标阶段，就要说清谁是设计者以及优胜指标、致命指标和沉睡指标是什么。

　　价值竞争销售方法论中的常用术语已经整理出来，放在附录中，企业最终应该发展出独特的销售术语和话术，这些词汇也是有益的参考。

销售预测的工具

销售团队常抱怨生产部门缺货，导致好不容易谈下来的订单产生波折，但生产部门也有苦楚，他们需要销售预测数据才能生产，否则卖出的缺货，没卖出的积压，会造成严重的问题。缺货不完全是生产的问题，和销售预测也有极大的关系。销售漏斗可以解决这个问题，只要在销售线索信息中录入产品信息，便能生成销售预测报告，指导生产。比如，戴尔公司特别注重库存管理，将库存周期控制在 7 天左右，既能保证按时供货，也大大减少了现金流的压力。

销售方法论的精华

销售漏斗还体现了销售方法论的精华，销售团队按照流程一步一步走下来，养成了良好的销售习惯。在经典的销售漏斗中包含接触客户、发现机会、确认机会、明确需求、方案报价等几个阶段，这其实就是销售步骤。在销售步骤中再加入细分销售动作，比如在接触客户阶段，需要完成收集客户资料、客户购买角色分析、了解关键客户兴趣点、推进认识、增加互动、私交到同盟的关系发展，这样便能体现出销售方法论的精华之所在，帮助销售团队掌握销售方法论的精华。值得注意的是，销售漏斗是传统的销售管理方法，既适合推销也适合以客户为中心的价值竞争。如果企业已经有了这种管理方法，就需要调整销售漏斗的阶段和工具表格，使这套方法适应以客户为中心的销售方法论。

销售漏斗的原理

我曾在金秋十月攀登哈巴雪山，由此更深入地理解了销售漏斗的精华。我们10月3日到达丽江，检查装备，开了一个会议沟通登山计划，并在聚餐中互相介绍彼此。4日乘车到达哈巴村，5日开始攀登，在风景秀丽的营地吃午餐和休息，下午4点到达黑海子露营地。早晨起来，太阳照耀在哈巴雪山，散射出瑰丽的光芒。休整一夜后，我们步行到海拔4400米的大本营，早早休息，凌晨3点冲顶。不管有没有冲顶成功，都必须在中午12点原地返回，否则顶峰下午降温，气温骤降到0℃以下，石板坡结冰，如果不能及时下山，后果不堪设想。

这段登山旅程给我的启示是，销售如同登山，我们应该像攀登哈巴雪山一样准备路书（如图11-1所示），确定关键阶段（丽江—哈巴村—黑海子露营地—大本营—顶峰）和关键动作（在丽

图 11-1　销售路书

江检查装备、开会、团队聚餐），确定时限，比如登顶必须在中午12点之前完成，否则一旦气温下降，返程道路结冰，就会造成巨大的风险；还应该保持沟通和协作，并不断激励彼此，我们才能完成这段艰苦的过程。

漏斗模型

通过关键节点、关键动作、时限、沟通和激励，可以管理好一个销售线索，但是企业有多位销售人员，每人都可能有几条到几十条销售线索，有什么好办法统统管理起来？在图 11-2 中，如果把销售线索想象成小球，将按照销售流程从上向下流动，有些销售线索可能流失也可能停滞，导致上边多下边少。如果企业能够发现全部的销售线索，那么下边流出的订单金额除以上边发现的销售线索，正好是市场份额。这就形成了上大下小，从上向下流动的销售漏斗模型。

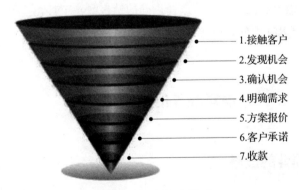

1.接触客户
2.发现机会
3.确认机会
4.明确需求
5.方案报价
6.客户承诺
7.收款

图 11-2　销售漏斗模型

1996 年初，我在 IBM 使用 OMSYS（Opportunity Management System），即销售机会管理系统。后来我加入戴尔，使用表格管理销售漏斗，每周把销售团队的报表收集起来，开会讨论销售策略和方法。2000 年，我转到培训部门，在新员工培训中讲授AccountPlanning，教他们使用销售漏斗表格。后来没过多久，表格就变成了一个简单软件，供全国各地的销售团队使用。

离开外企之后，我每年要讲授几十场销售课程，客户包括像惠普、华为和中国移动这样的大型企业，也包括众多中小企业，每次我都会讲授销售漏斗的原理和方法，并提供我改良的销售报表。惠普用销售漏斗进行渠道的商机管理；海洋王照明公司用销售漏斗管理全国上千名的销售人员；泛音使用这些表格管理电动工具的销售，其销售团队提交报表，通过销售例会，用销售漏斗的理念进行管理。要成功使用销售漏斗模型，需要具备几个关键要素：第一，管理者真正懂得销售漏斗的原理和作用，能根据企业实际情况来设计其表格和管理体系；第二，有强有力的管理能力（比如目标分解），有绩效考核、销售例会和辅导体系；第三，有得力的销售运营部门收集数据并进行汇总和分析，在销售会议中简述销售状况；第四，选择正确的销售漏斗工具，千万不要轻易使用 CRM 软件，应先建立销售方法再购买软件。

销售漏斗的设置和指标

销售漏斗的设置

销售阶段是销售漏斗的关键要素，这与销售方法论紧密相关，以产品为中心还是以客户为中心，完全可以从关键阶段和关键动作中体现出来，当我们完成第三章谈到的六个工具表格，并填入到相对应的阶段时，这个销售漏斗就是以客户为中心的。

销售阶段划分比较模糊，比如建立信任和激发需求可能贯穿整个销售过程。销售漏斗只是将销售阶段的界限定义出来，企业应该用自身的词汇对销售阶段进行描述和定义，比如"发现机会"可以描述为"找到客户痛点"，"确认机会"改为"确认客户购买时间和预算"，"明确需求"改为"得到客户标书"，它们与动作和时限结合构成了销售漏斗（见表 11-1）。

表 11-1　销售漏斗阶段设定表

销售阶段	动作	漏斗阶段	时限
建立信任	• 收集客户资料 • 组织架构分析，识别客户采购角色 • 分析客户性格和沟通方式 • 寻找客户兴趣点，推进关系 • 请客户出谋划策、穿针引线、为我说话	接触客户	10 天
激发需求	• 分析客户的现状和目标 • 寻找客户痛点及其影响 • 使用顾问式销售技巧，激发客户需求 • 确认客户采购流程和相关购买角色	发现机会	15 天
促成立项	• 通过调研完整清晰地找到客户痛点 • 通过价值建议书证明投资回报率 • 拜访决策者，促成立项	确认机会	10 天
引导指标	• 与客户沟通采购指标 • 竞争矩阵分析，制定竞争策略 • 帮助客户建立购买标准	明确需求	15 天
屏蔽对手	• 分析对手缺陷及其对客户造成的危害 • 在客户内部找到同盟者，建立桩脚 • 与客户沟通，屏蔽对手	方案报价	10 天
赢取承诺	• 预测客户采购风险，寻找客户购买顾虑 • 制订预防和补救方案，缓解客户顾虑 • 与客户沟通，打消购买顾虑，促成交易	客户承诺	10 天

（续）

销售阶段	动作	漏斗阶段	时限
管理期望	● 在蜜月期，管理客户预期 ● 在磨合期，解决客户遇到的问题 ● 在成功期，巩固客户满意度，进行转介绍销售 ● 在平淡期，发现并不断刺激客户的新需求	验收	10天
回收账款	● 信用和合同审查 ● 收到首付款 ● 到货和验收，收到验收款 ● 回收尾款	收款	30天

　　每个企业的产品和客户都不同，销售方法论肯定不一样，只有根据自身销售特点进行梳理，才能制定出适合的销售套路。此外，企业还应该完成六个核心的销售方法论报表，这些已经在前面做了介绍，包括：客户关系发展表、痛点分析表、价值建议书、引导客户购买标准表、竞争分析表、缓解购买顾虑促成成交表等，并深入销售技巧层面，反复演练，才能在实际销售过程中取得效果。

销售漏斗指标

　　漏斗是一个容器，它的第一类衡量指标是容量性指标，包括商机的数量和金额，其中最重要的指标是销售预测，将商机金额与赢率相乘的累加值加上已经完成的状况，和销售目标相比，可以用来判断漏斗中的销售线索能否完成任务。假如某公司本季度的销售目标是3000万元，如果销售漏斗中的商机总额是1.2亿元，大概率可以完成任务，如果漏斗中只有2000万元，很可能不能完成任务。

漏斗中的销售线索还在流动，第二类指标便是流动性指标，如新增商机的数量和金额、向下流动商机的数量和金额、停滞商机的数量和金额、流失商机的数量和金额、成交商机的数量和金额。针对这些指标进行排列，便可以一目了然地看出团队每个成员的表现。容量性指标和流动性指标可以帮助销售管理者一目了然地掌握销售过程，发现问题，采取措施。

销售漏斗报表和工具

要实施销售漏斗，就需要设计报表来收集相关资料。我曾帮助联想设计过销售报表，其管理层要求很细，于是我做了密密麻麻的四个表格，其中包括客户信息、商机信息和活动信息三大表格。客户信息表包括组织结构，关键联系人的电话、家乡、经历、兴趣等，但销售团队对填表怨声载道。公司抓得紧，大家便填写，稍微放松一些就没人交报表，反复折腾，最终还是没有推行下去。很多企业都喜欢表格的内容越详尽越好，这其实是给销售团队增加了巨大的负担。销售报表不能过于复杂，销售人员应该与客户在一起，不该成天坐在电脑前填数据、编故事。主管们还应该学会看报表，并辅导下属，否则填写报表就是浪费时间，毫无收获。量化的数据才可以分析，不能量化的信息尽量不要，要做到极简输入和输出最大化。

传统的销售漏斗报表

在复杂销售模式下，销售漏斗是销售报表的核心，主要包含客户名称、商机名称、产品、金额、合同时间和销售阶段。

表 11-2 非常简单实用，是很多企业都在采用的报表方式。对于20 人以内的小型销售团队，客户和商机都不多，这个报表就足够用了。这个报表要用 Excel 来做，其中的产品和销售阶段做成下拉菜单，便于销售团队填写，确保格式正确，统计起来也方便，还可以设计公式，以得到汇总数据。

表 11-2 销售漏斗报表

客户	项目名称	产品	金额	合同时间	销售阶段

但这个报表也存在缺陷，比如当商机不够的时候怎么办？所以报表中应该增加客户信息。还有，唯有销售活动才能推动商机向下流动，所以报表中也应该有销售活动的信息。

改良的销售漏斗报表

我一直在思索和研究新的销售漏斗报表，通过增加客户信息和活动信息来完善销售漏斗报表。其中，客户信息可以包括客户名称、联系人、关系阶段、联络方式等；活动信息包括活动类型、对象、活动目标，企业完全可以根据自身情况进行调整。传统的销售漏斗报表只能管理销售线索，而新的报表打通了客户、商机和行动的整个流程，销售主管可以从中看出问题，进行辅导，并将行动计划放进去。销售主管如果只看本周的销售报表，只能看出容量性指标，只有结合前后两周的数据，才能看出流动性，比如有哪些商机新增、向下流动、停滞、流失或成交。我特别建议主管使用带活页的记事本，将下属每周的销售报表打印出来，按照时间顺序装订起来。我在课堂培训之后，都会提供这样新型的报表给学员，事实证明这样做取得了良好的效果，见表 11-3。

表 11-3　改良的销售报表

客户	联系人	项目名称	产品	金额	合同时间	销售阶段	计划	时间

　　然而，表格存在难以统计的问题。我曾经帮助一家企业设计过销售漏斗报表，这家企业的销售总经理渐渐在表中加入了越来越多的分析，他的秘书正好是大学数学系的研究生，计算这些数据当然不困难，这家公司每周五提交销售报表，她可以在下班前提交给总经理。一段时间之后，我来到这家公司，这位秘书把我请进办公室，向我哭诉："我大学期间一直学的都是微积分，您现在每周让我做加减乘除，我不想干了。"这家公司大约有 50 位销售人员，要计算每人和每部门的容量性和流动性指标，计算量非常繁杂。

谨慎使用 CRM 软件

　　表格难以计算和统计分析销售漏斗指标，比如平均订单周期、平均订单金额、销售活动和阶段的交叉分析等。企业需要一款具有录入、分析和管理功能的销售管理系统，于是引入了CRM 系统，这常常会导致灾难性的后果发生。

IBM（中国）在 1996 年开始使用 CRM 软件，当时名叫OMSYS，公司上下对此都极为重视，老板亲自上阵，数百人参加培训，大张旗鼓地推动 OMSYS，强令录入所有销售信息。销售团队开始很烦，后来不约而同地请助理将销售信息录入系统。CRM 成了痛苦的摆设，公司抓得紧，大家就让助理凑数上去录入；公司放松一些，这套系统便形同虚设。IBM 是 IT 业老大，是世界领先的企业，人员素质极高，都用不好 CRM。为实施销售漏斗而购买 CRM，就像为了买二两里脊肉，却买了一头猪。传统的 CRM 主要用于客户关系管理，其功能齐全，适合在电信运营商和银行使用，以对老客户进行分析和挖掘，却不适合用来管理销售线索。可是，销售漏斗功能足够吸引人，软件公司便将销售漏斗的功能集成进去，得到了极其复杂的 CRM。这看似划算，但是使销售人员的负担加重，所以他们根本不爱用。

由于移动互联网突飞猛进，市场上出现了很多移动 CRM产品，在手机上就能实现销售漏斗功能，这确实是合情合理的选择。然而，从某种意义上说，销售管理是一个伪需求，换句话说，主管有管理销售的需求，一线销售团队却根本不愿意被管理。

我在课堂上发给学员使用的销售漏斗报表确实不适合大型企业，于是我用了 15 年时间开发 CRM 软件，这是我人生最大的坑，花了无数的时间和金钱，最终一无所获。问心无愧的是，软件免费发给了学员和企业使用。促使我决定放弃的原因是观察CRM 软件的使用频率后，发现销售人员是真的不爱用。一位销售人员曾经向我说道："你以为狗狗喜欢戴狗链吗？"他很形象地把 CRM 软件比作了狗链。

我见到的 CRM 都不太成功。我曾经被一家上市公司邀请，参与 CRM 咨询。这家企业的创始人是一位中国科学院院士，他认为 ERP 和 CRM 都是企业的核心信息系统，在使用 SAP 做好之后就要使用 CRM。我和他见面之后发生了激烈的争论，我拼力阻止他们上马 CRM，认为应该先用表格过渡，等使用流程定型之后再决定是否上马 CRM。这位董事长一脸诧异地看着我问道："我请你来做 CRM 咨询，你却不同意我上马 CRM，那我请你来干什么？"

我曾作为 CRM 坚定的支持者，用 15 年时间开发软件，到现在已经变成了 CRM 的坚定反对者。我妹妹就职于华润集团的雪花啤酒公司，他们公司曾想让她负责 CRM 实施，她向我寻求意见，我的回答是："如果你想被所有销售骂死，如果想早点儿被公司开除，你就负责吧。"

大概在 2021 年，一家企业邀请我担任嘉宾参加活动，它们的产品是低代码平台，这是一种便捷开发平台，只要熟悉流程，普通人拖拖拽拽就能完成手机端和 PC 端的开发，CRM 是它们的应用方向。我开始接触低代码平台，使用一款名叫氚云的 App，开始帮助企业建立 CRM 系统。低代码平台和 CRM 存在几个明显的区别。第一，低代码平台不是 CRM，甚至什么都不是，打开后什么都没有，就像一张白纸，需要企业来搭建，不像 CRM 一打开就有客户、商机、活动等最基本的销售管理内容。第二，企业的产品线、组织结构和销售流程经常变化，传统 CRM 一旦固定之后，就要重新写代码，这会带来时间和金钱两方面的代价，且 CRM 企业会收取较高的费用，同时花费几个月的时间才能完成，这为流程的灵活性带来了巨大的困扰，企业很难随时改变。第三个因素是价格，现在市场上的低代码平台的价格普遍是

CRM 价格的 1/10 ～ 1/5，所以低代码平台对于大多数企业十分划算。但是低代码平台是一张白纸，企业需要自己梳理和完善销售流程和方法论。这是双刃剑，好处是能够确保方法论和流程是从企业自身成长起来的，而不是从 CRM 嫁接来的，但为 CRM 的搭建带来了难度。

低代码平台是否能够确保 CRM 成功？这还不好说，但是传统意义的 CRM 已经走到了尽头。

将以客户为中心的销售方法论当作理论基础，建立企业销售指挥系统，才能形成从上到下的企业销售流程，驱动销售转型。然而，销售指挥系统始终都在制度层面，我们还需要帮助团队完成心态、销售方法和技巧的转变，才能真正地落到行为层面，彻底形成以客户为中心的销售指挥系统。

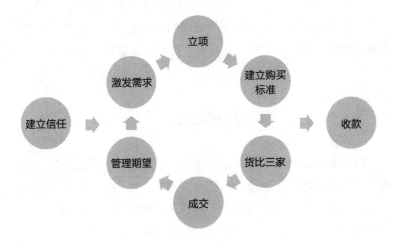

第十二章

赋　　能

以客户为中心，说起来容易，理解起来也容易，但是真正实施起来十分困难。绝大多数销售团队很认同这种理念，但他们头脑中只有一些概念，不知道方法论中的表格工具和技巧，很少在实践中应用。即便一些企业建立了销售漏斗管理、销售例会、销售报表和辅导机制，仍然收效甚微。这是困扰企业的难题。

知易行难

销售方法的转变不是一蹴而就的，很多时候，制度是建立起来了，实施却遇到了困难。销售方法的转变也一样。销售方法的转变包括制度和人两个方面，人的因素甚至比制度更为重要。企业要想从以产品为中心转变为以客户为中心，人的转变更为重要，可以将之称为赋能。赋能是华为提出的概念，按照华为的定义，赋能首先包括能量，也就是心态，即我们为什么要转变？意义是什么？很多企业在新员工培训时就讲授销售方法论，然后介绍管理体系，并教会新员工使用。这是最有效的方法，进入公司就自然而然地接受转变，抵触被降低到最小的程度。

知易行难

王守仁说"知行合一""知易行难"，我们即使知道了以客户为中心的理念，却不见得能够在拜访客户的时候正确运用。人的转变没有那么容易，一般可以分成几个阶段：第一个阶段是"心中无剑，手中无剑"，这就像我们第一次打高尔夫球，不知道怎么打；第二个阶段是"心中有剑，手中无剑"，这就像上过一堂高尔夫课程，却没有经过训练和实践，知道打球的知识和理念，但仍然会把球打飞；第三个阶段是"心中有剑，手中有剑"，知道知识和理念并能做到，但这需要反复训练；最高的阶段是"心剑合一"，我们忘记套路，能随客户而变，见招拆招。将知道变成做到，是赋能的目标。

任正非对赋能的理解

2016 年，华为创始人任正非在华为战略预备队指导委员会听取汇报时，发表了讲话，深入浅出地讲述了能力发展和赋能。我择其要点，将华为当作标杆来研究。关于"训战"场景选择的内容如下：

> 战略场景规划要来自公司的战略规划，"训战"的场景和"战场"选点都不要铺得太多，可以积累经验后再扩张，要高水平地训练一批优秀队伍走向"战场"。"战场"选点由各分队长负责。从各机关抽调的干部、专家应该对参加什么场景的训战有自由选择的权力，可自由选择进入哪个场景。"作战"要聚焦，培训不聚焦，允许各种思维的出现。

> "训战"中四组一队，任何一个组都必须要有当地熟悉场景的人员参与，跟着同步训练。否则只有机关专家，就会是"空军司令"在天上——不接地气。

> 各部门的循环赋能、干部的循环流动千万不能停，停下来就沉淀了，就不可能适应未来新的"作战"。预备队方式的"旋涡"越旋越大，把该"卷"进来的都激活一下。这种流动有利熵减，使公司不出现超稳态惰性。这么大的一次组织换血，这 2000 多名高级专家和干部作为"种子"，会激活

整个公司组织结构的活力。同时，一定要把外籍员工"卷"进来，避免出现新的知识鸿沟，代表处的本地员工也要参与循环赋能。翻译部作为二线"作战"团队，扩招翻译，组建翻译连，背上同声翻译设备，一同走上战场，让外籍员工也理解高端的解决方案。不然会形成"两张皮"，缺乏整体战斗力。

机关干部和国内研究所干部、专家要逐步地循环"参战"，在循环流动中成长起来；国内研究所一定级别以上的专家、干部，三年中必须有半年参加基层实践，取得成功经历。秦淮河边的温柔之乡培养不出世界级的领袖。另外，还要限定某个级别以上的高级干部，一定要具备项目全流程的经验，可以在没有项目的混沌中厮杀出一个项目来，从项目的跟踪、发生、获得、交付到服务，全流程贯通，否则将来就是一批"软兵"。

资料来源：2016年华为创始人任正非在听取华为战略预备队指导委员会汇报时发表的讲话

从这段话可以看出，华为的场景和训练其实是一种案例演练，这才是理论结合实际的关键。可是，很多公司喜欢请讲师讲一通理论，所用案例来自各行各业，根本没结合自己的产品和客户设计的案例，这是它们与华为巨大的差异。另外，任正非强调外籍员工和总部及研发部门的介入，这也极为重要。我们在帮助企业完成案例的过程中发现，很多销售方法的出发点都来自研发部门，如果没有研发部门介入，痛点分析表和价值建议书以及竞争分析，根本没法做出来。此外，研发和销售是企业的核心，一定不能各行其是，必须有统一的思路，换句话说就是，仅仅销售部门以客户为中心，产品研发部门仍然以产品为中心，将会变成"两张皮"，造成矛盾和困扰。

战略预备队要以考促训，在实战结果中鉴定队员的实战能力。节选相关内容如下：

> 推荐过关后要考试，以考促训。你是英雄，但不具备一些各分队的基本要求条件，你就跟不上队伍，英雄必须在入队之前完成自学，因为入队是接受考核而不是学习。考试完全靠自学，就看你能不能够承受，别指望别人给你"浇水"，没人会因为你曾经做过贡献，就自然培养你上"航母"。

> 预备队在"作战"中做出成绩时，要给予鉴定，鉴定一定要有水平。第一，不是对人做全面鉴定，而是突出这个人在"训战"中的情况，评价他能在什么方面有什么用。鉴定要清晰地说明这个人，从而能让我们凭鉴定就能用人。第二，我们现在很容易识别有功的员工，但对尚未成长起来的"苗子"，基本上还没有能力识别。人力资源资格管理的预备队也要背上背包，一边"参战"，一边拿着小本子记录，在实地、实战中摸索总结实战中鉴定人员能力的方法。

华为特别注重战略预备队，这是赋能的种子和关键的推动力量，因此训练是针对战略预备队进行的。预备队其实是华为领导力梯队的一部分，由华为的轮值 CEO 带领。可是，我们在培训的时候发现，很多企业认为这是销售方法的培训，管理层和老板根本不参与，有些领导只是在最后露面，拍个合影而已。

"兵熊熊一个，将熊熊一窝"，销售方法要落地，销售主管不仅必须自己理解，并且在实践中要能指导销售团队。在企业销售方法的建立过程中，企业管理层起到决定性的作用。华为强调以考促训，我们可以想象，如果没有期中、期末考试，没有中考和高考，学生们学习的积极性还会像从前一样吗？如果没有比赛，篮球和高尔夫球的训练有什么意义？如果没有驾驶执照的考试，交通规则和驾驶课程有存在的必要吗？很多企业的培训没有考核和认证，受训人员住在豪华的宾馆中，有咖啡、水果和茶水伺候，学习是给员工的福利，但他们就像在开神仙会议，七嘴八舌，海阔天空，"一拍屁股鸟兽散"，原来什么样还是什么样。

所以，应该尽量在学习之前预习在线课程，在培训前先考试，课堂上以分组讨论和演练为主，晚上做作业"魔鬼训练"，第二天由管理层担任考官，检验行为改变。可是销售团队太忙了，根据我们的统计，一般预习的比例只能达到20%。大多数企业差距极大，幸好竞争对手也不是华为，否则很可能一战即溃。华为凭借这股"作战"力量，"杀入"手机行业、海外市场和企业级市场，基本是摧枯拉朽，无往不利。

思过崖

爱康国宾的一位销售副总裁偶然看到了《输赢》，看出了"摧龙八式"的价值，决定为企业建立销售方法论。他们的做法非常独特，他们使用六个工具表格，结合产品和客户实际情况，做成了完整的模板。我在其广州分公司看到，他们在一间会议室的墙壁上满满当当地贴满了这些模板，销售例会的时候抬头就可以看见，甚至有些销售人员存在问题时，主管会把他安排进入会议室，这会议室就如同金庸武侠小说《笑傲江湖》中的思过崖，令狐冲就是在那里学会了独孤九剑，后来又在摩崖石刻中发现了至高无上的武功，终于大成。

爱康国宾还将销售策略和赋能相结合，比如一段时间内的销售策略是争夺三甲医院的体检客户，这些客户大都是央企等超大型企业。爱康国宾把这一题目做成训练案例，由主管亲自组织，一组扮演客户，一组扮演爱康国宾，另一组扮演友商，展开训练。爱康国宾的销售队伍极大，经过数年如一日的训练，渐渐形成了非常独特且有效的销售方法，"思过崖"和战训结合的训练方式，功不可没。

在下面的内容里，我将介绍如何训练和考核销售团队，确保完成人的转变。

销售技能

销售技能的转变并不容易，养成行为习惯更难。我们将沟通场景中的动作集合称为技能，而技能又可以包括销售技能和销售管理技能。销售技能主要包括销售沟通技能、顾问式销售技能、拜访决策者技能、谈判技能、销售演讲技能等；销售管理技能主要包括领导能力、目标管理和销售辅导等。

销售沟通技能，即拜访客户的技能，包括开场白、提问、倾听、建议和下一步行动计划，用于收集客户资料和了解客户需求；顾问式销售技能，即通过现状提问、痛点提问、影响提问和获益提问帮助客户意识到问题及其严重性，并帮助客户寻求解决方案，激发客户需求；拜访决策者技能，即拜访客户决策者，列举客户存在的痛点和影响，提供解决方案，并分析投资回报率，促使客户确定购买时间和预算；谈判技能，即分工协作，建立协调者、谈判者、决策者三方面协作体系，根据客户认可度以及竞争形势，制定谈判目标和策略，寻找谈判筹码，通过妥协和交换探寻对方底线，逐级让步，接近谈判目标，当让步达到客户觉得可接受的程度时，就达成协议；销售演讲技能，即向多位客户介绍产品和方案的技能，包括正确的肢体语言（站姿、形象、位置、手势），声音、语气、语调的控制，内容安排以及回答提问。

销售管理者除了掌握销售技能，还要掌握销售管理技能，主包括目标制定和细分。世上无难事，只怕肯细分，唯快不破，不能每年或者每季度分配、检查和激励，应该加快管理周期，至少做到每周计划、分析、总结和改进。销售辅导和激励，即在定期的销售例会中总结、分析和改进，邀请优秀成员分享经验，深入分析讨论销售存在的问题，并提出下一阶段的工作计划，给予激励。

这些技能十分重要，IBM 在新员工培训的时候就讲授了这些技能，通过模拟拜访进行考核，保持一定的淘汰率，确保销售团队在进入"战场"之前已经充分掌握这些技能。邀请外部讲师覆盖所有员工的成本极高，而且不利于将理论和企业实际情况相结合，对于大型企业，培养内部讲师十分重要，这就是通常所说的TTT（职业培训师培训），他们不是专职讲师，而是兼职的，大都是来自一线的销售管理者，他们虽然可能不如外部讲师那么懂理论，却更懂客户和产品。一般来讲，内部兼职讲师和销售的比例是 1∶100，如果是小于 100 人的中小型企业，训练队伍的职能只能由直接主管兼任。

提升训练效果

学习可以分成两类，一类是学习知识，一类是学习技能，两者的学习方式完全不同。我们一般在课堂上学习知识，但是驾驶、打篮球和销售包含大量技能，需要身体的配合，而不仅仅是大脑的吸收，这就需要训练。比如，打篮球不能在课堂上学习，而应该在篮球场上反复练习。完成这样的训练并不容易，我刚离开戴尔的时候，曾经多次在清华大学、西安交通大学、中山大学的企业高管班授课，学员习惯于课桌式的学习，希望多听些干货，少些案例讨论和训练，这是学校带出来的习惯。其实企业管理经过百年发展，经典的理论早已固定，就像销售方法论，每隔十年有一个突破就算不错了，也只是传统理论的补充，大多数学员都处于知道却做不好的状态，所以需要反复训练。

训练需要场景，比如拜访客户，向客户演示产品，与其进行技术交流和谈判等，不同场景需要不同的技能，要想完成相关训练就必须设计案例，让学员和考官分别扮演客户和销售人员，利用案例在角色扮演中完成训练。华为和爱康国宾在这方面就做得极好，常组织红队和蓝队对抗。这种"大练兵"极大地加强了销售人员的"作战"能力。其实道理很简单，哪支有"作战"能力的队伍不经过训练？

仅有课堂训练还远远不够，在培训行业有个非常有名的柯式四级评估体系，其第一个层面是感受学员感受，通过培训后的满意度调查就可以完成；第二个层面是笔试，即考核学员得到的知识；第三个层面是行为转变；第四个层面是绩效考核，针对不同的技能有不同的考核方式。对于销售方法论，在学员完成六个工具表格并向高管汇报后，便能立即得到每个学员的考核分数。

培训行业还有一个理论，即一个人行为改变大约10%来自课堂学习，20%来自工作中模仿和借鉴同事的做法，70%来自对自身实践的体会、吸收和总结。因此，建立一种从上到下的学习型组织也是保证组织转变成功的关键。

为了加强学习效果，确保行为转变和销售习惯的培养，我们一般建议企业的赋能包括以下几个步骤：在线预习，借助视频和音频，掌握基本知识；笔试，确保学员完成预习并考试及格；讲授，在课堂上对知识点进行简单的重复；分组讨论，帮助学员使用工具表格，将理论与产品和客户相结合；角色扮演，分别扮演客户、销售人员和观察者，完成销售关键动作训练；作业，学员形成学习小组，反复演练，准备参加答辩和考核；答辩考核，公司管理层担任考官，既利于检验学习效果，又便于在培训后的实践中检查和辅导学员；跟踪，使用落地工具，在销售例会和实际销售中采纳新掌握的销售方法，推进实际销售工作。

如果没有这个赋能的过程，课堂培训就完全依赖于个人的悟性和自觉性，而赋能无益于企业的销售转型。

培训培训师

如果只是单纯邀请外部讲师为全体销售团队进行训练，不仅成本极高，而且很难将理论和企业的实际情况相结合。因此，最佳的方法就是培养企业管理层担任讲师，他们首先要懂得以客户为中心的销售方法，并成为教练，在日常工作中指导下属。销售管理者不仅应该是学习者，还应该是传授者，这样既能巩固自己的学习效果，又能培养团队，为企业节省大量的培训费用；更为重要的是，他们可以将销售方法和自己的案例相结合，促成销售理论的落地。

在培训行业，TTT的被培训者多是有潜力的销售主管变成的内部讲师。在一些大型外企，新员工培训中的讲师和考官都由内部讲师充当。在华为的咨询项目中，我们最终提供的也是为华为定制的案例，以及对华为大学的内部讲师的培训服务。华为的内部讲师巡回出差，召集办事处的团队，将其分成红队、蓝队和客户，使用编制好的案例，反复练习，打造"强兵铁军"。

一般来讲，只有大型公司适合建立内部兼职讲师，对于小型企业，老板除了要加强自身的学习，善于利用外部的学习资源外，还要建立机制，灵活简单地完成销售团队训练。

能力现状

有一次企业组织销售课程之后，安排了拓展训练，其中一项是蹦极。一位女同学腿软不敢跳，为了鼓励她，展示勇气，一位学员义无反顾地跃下。白云朵朵，他忽然发现自己没有系缆绳，当空栽落。悠悠醒转，发现是一位古代少女救下了昏迷的他，他穿越到了战火纷飞的三国时代。

女孩儿名叫李湘玲，是蜀汉大臣李严的女儿。有她相伴，活在三国又如何？你只想着和这位少女过着幸福的二人世界，偷生于乱世。

你目睹三国战乱，男子当战，女子当运，百姓流离失所。你制造出了卡车和三轮车，成立了镖局，名为"止战镖局"，为乡里乡亲运输货物，渐渐成为当地首屈一指的大商人。天有不测风云，李湘玲被父亲送入皇宫。随即，诸葛亮将要北伐，战火更旺。你渐渐醒悟，没人可以在乱世独善其身，决心要将湘玲救出皇宫，还天下太平和幸福。彼时，诸葛亮率领的蜀军还在用原始的方法运输粮草，你将前往成都，踏上一条销售道路，你将用销售方法论和技巧，一路过关斩将，最终说服诸葛亮，把蜀军粮草和辎重服务外包下来，并协助诸葛亮完成北伐，那时你将和李湘玲幸福地生活在一起。

这是我们设计的测试背景，名叫"赢销三国"，在课程结束后让学员们完成测试。通过拜访李湘玲、诸葛亮等四位关键客户，完成销售过程。李湘玲和诸葛亮等四位客户扮演不同的购买角色，分别是内线、发起者、采购的设计者和评估者以及决策者。每次沟通包含了大约 20 个对话，通过这些对话评估销售技巧。我们总共收集到大约 2500 份测评结果，大体可以反映出销售的评价水平。从这些样本看来，顾问式销售风行一时，在四个能力中表现最好，拜访决策者和成交的表现也不错，但是很多人在倾听和提问上的销售基本功出了问题，面对竞争也是短板，没有引导购买标准和利弊分析的习惯，执著于介绍产品。深入去看四个核心能力的细项时，大概能够看出主要的问题。

在倾听和提问中，与客户确认下一步行动的表现最好，这体现出来销售普遍具有后续跟进的强烈意识，不让一次拜访无疾而终。在开放性提问、排除提问和因果提问上表现较差，意味着很多销售不能全面完整清晰地理解客户需求，比如顾客说，我希望笔记本电脑屏幕大些，开放提问是："您希望屏幕多大？"排除提问是："除了屏幕大，您还有其他要求吗？"因果提问是："您为什么要选这么大屏幕的电脑？"这三个提问都非常关键。开场白的作用是观察和调整客户情绪，引发客户的好奇心，进入正面沟通，很多人在沟通时没有照顾到客户的情绪。

顾问式销售是受训者在几种销售方式中掌握程度最好的销售方法，能够掌握现状提问和痛点提问，却不太能够和客户深入探讨影响；能通过获益提问的方式确认客户痛点的真实性，点到即止，蜻蜓点水，找到了痛点，却没有帮助客户意识到痛点的严重性和紧迫性。

在面对竞争时，大多数销售人员仍然喜欢推销产品，没有询问和讨论购买标准的习惯，采购到了这个阶段，是老生常谈，没有新意。但只要与客户谈到各种采购方案，进行利弊分析的技巧就自然而然，难度并不大，可惜很多人根本走不到这一步。

在案例指引下，大多数销售人员能够完成罗列痛点，并汇报解决方案，但依然缺乏询问购买风险，完成交易的步骤，往往只能被动地等待客户的采购通知。

倾听提问、顾问式提问、面对竞争和成交这四个技巧都在拜访客户时使用，可以说是最核心的销售技巧，关键在于随着客户的采购流程和购买角色的变化而变化。在实战中更为复杂，客户不会按照训练案例中的步骤一步步地提供资料，话题甚至可能在痛点、购买风险、价值、采购标准上跳来跳去，我们只能随之起舞，根本不可能按照销售技巧一步步打下去。这也非常正常，就像在篮球比赛中，没人规定一定要先发球再运球到中场，也不一定非要三步上篮，三分球未尝不可。商场如赛场，客户和友商都是活的，然而这些技巧是真实存在的，我们不能认为和实际情况不一样就疏于训练，而应该做到熟练掌握，融会贯通，一招制敌。

态度决定一切

自此，我已经将以客户为中心的销售方法论全部介绍完了，又在最后两章介绍了将这套方法在企业中落地的思路。然而，销售能力始终由团队的销售方法和心态共同决定，心态的重要性甚至超过销售方法。

销售团队必须具备积极、永不放弃的精神，坚持以客户为中心，同时善于学习和改变，保持团队精神和团队意识。这种精神的力量，才是企业战无不胜的保障！在华为、爱康国宾和步步高等企业身上，我都看到过类似的精神，但也有些企业在学习过程中只是走马观花、嘻嘻哈哈，案例讨论和作业浮于表面，任何销售方法和套路对于这种企业都毫无意义。

心态和方法两手抓、两手硬，加强赋能和管理系统，企业才能打造出一支真正以客户为中心的销售强军。

词汇表

推销 以产品为中心，不断介绍产品的特点、优势和益处，常忽略客户需求。

顾问式销售 以客户为中心，取得客户信赖，帮助客户发现问题并提供解决方案。

采购周期 从客户发现需求到购买结束的过程，包括发现需求、立项、建立购买标准、货比三家、购买承诺、使用六个阶段，每个阶段都有不同的关键点。

摧龙八式 在客户采购周期的不同阶段为客户创造价值，包括建立信任、激发需求、促成立项、建立购买标准、货比三家、成交、管理期望和收款。

价值竞争 销售方法从以产品为中心，发展到以客户为中心，兼顾竞争对手，形成价值竞争的销售方法论。

局外人 既不能满足客户兴趣，又不能满足客户需求。

朋友 能够满足客户兴趣，却不能满足客户需求，与客户交往主要在办公室外，在工作的八小时之外。

供应商 不能满足客户兴趣，只能满足客户需求，与客户交往大多在工作时间。

合作伙伴 既能够满足客户兴趣，也能满足客户需求；既能与客户在办公室里沟通，又能够在办公室外建立联系。

内线 最了解客户资料的人肯定在客户内部，他们就像火炬一样，照亮我们前进的道路。

发起者 在客户内部，受痛点影响，并且意识到其严重性，推动采购启动的购买角色。

决策者 做出采购决定的购买角色，包括采购时间、预算和最终购买的厂家和条件，往往年龄较大，有丰富的社会经验，经济条件较好，效率高。

设计者 负责设计采购方案和指标的购买角色。

评估者 参与货比三家的客户购买角色，在大型采购中往往组成评标小组。

认识 与客户关系的第一个阶段。

第一印象 决定了客户是否愿意继续与你发展关系，良好的第一印象取决于良好的穿着打扮、言谈举止、声音语调和专业学识。

互动 基于客户采购，客户与我们见面、吃饭、共同参观和交流，并不代表客户支持我们，他们仍然可能处于中立。

私交 成为朋友，在没有采购的时候，一起运动、旅游、过生日、办家庭聚会，在采购时，客户将会倾向于我们。

同盟 在私交基础上建立价值同盟，可以起到四种作用：通风报信、出谋划策、牵线搭桥和为我说话。

兴趣点 客户在采购中的个人兴趣往往表现在他们的提问中，抓住其兴趣点，推进关系就如同顺水行舟，否则事倍功半。

透露情报 同盟者的第一个作用是为我们提供至关重要的资料，包括客户的背景资料、组织结构、购买信息和个人信息等。

出谋划策 客户永远比我们更了解客户，也永远比我们更有办法，所以在遇到难题的时候，我们应请客户帮忙解决问题。

穿针引线 利用客户的影响力拓展我们的人脉，建立关系网络。

为我说话 客户常常在闭门讨论后做出购买决定，我们需要有人为我们说好话，以屏蔽对手，或者当对手攻击我们的时候，有人为我们辩解。

需求 妨碍客户达成目标的燃眉之急。需求包括五个层次：购买动机、痛点、解决方案、产品和采购指标。

痛点　客户遇到的问题和障碍，客户的燃眉之急。

SPIN　美国营销大师尼尔·雷克汉姆经过大量调查研究，出版了《销售巨人》一书，帮助推销员转变为销售顾问，包括现状提问（situation questions）、痛点提问（problem questions）、暗示提问（imply questions）、获益提问（need pay-off questions）。

现状提问　SPIN销售法的第一步，既是与客户的寒暄，又是自然而然地引导客户说出痛点，要问出好的现状提问，须事先研究客户资料。

痛点提问　SPIN销售法的第二步，是帮助客户找出问题的关键症结，我们应该比客户看得更深一层，才能让客户觉得有价值。

影响提问　在雷克汉姆的SPIN销售法中，应该是暗示提问，但是我更喜欢用影响提问（impact questions），因为它不仅能够起到暗示提问的作用，还易于操作。痛点的影响包括战略和宏观影响、财务影响、部门影响和个人影响，通过提问可以帮助客户意识到痛点的严重性，并促成采购。

获益提问　询问客户对解决痛点之后的看法，既可以确认客户是否认可痛点，还可以得到一些数据来证明采购的可行性。

投资回报率　影响采购预算的关键因素，往往适用于固定资产的采购，我们必须证明产品的成本可以在更短的期限内被收回。

投入产出比　适用于原材料和服务的采购，财务统计为费用，客户使用我们产品所产生的价值与增加费用的百分比。

拜访决策者　拜访决策者应该遵循以下步骤：①对客户宏观经营层面的褒奖；②阐述客户内外变化带来的挑战；③罗列痛点，直截了当地罗列出客户的痛点，讲述其宏观和战略层面的影响；④陈述价值，提供价值建议书，提供明确的和量化的价值。

价值建议书　拜访决策者时间有限，我们常将核心内容浓缩在一张纸上，这就是价值建议书，其核心是我们产品和方案的投资回报率。

采购指标　客户对产品和服务的要求是货比三家时的价值标准。我们应该筑起堡垒保护优胜指标，为竞争对手埋下"地雷"。

软性指标 模糊的、难以衡量的采购指标，比如外观和服务。软性指标难以比较和评估，我们往往要花费更多的精力来引导客户。

硬性指标 明确和清晰的采购指标，比如重量、厚度和材质等，容易区分和比较。

指标重要性 客户的每个指标的重要程度，在招投标中，指标重要性直接影响到指标的权重。

指标竞争性 每个厂家在这个指标上的表现，在招投标时直接影响到打分。

竞争矩阵 通过与客户的深入沟通，根据指标的重要性和竞争性，将采购指标区分为优胜指标、杀手指标和沉睡指标（无价值指标通常在销售过程中被客户忽略），每种指标有不同的引导策略。

优胜指标 客户重视，我们处于优势的指标，应该进行细化和量化，将竞争壁垒做宽、做厚。

杀手指标 客户重视，我们处于劣势的指标。对于这类指标，首先，可以"偷梁换柱"，将劣势指标拆开，再找出我们处于优势的细分指标，替代原先的劣势指标；其次，淡化、模糊化或者合并这个指标，减少失分。

沉睡指标 我们处于优势，客户觉得无所谓的采购指标，使用顾问式销售技能，激发客户痛点，让客户意识到其严重性。

FAB 传统推销常采用的销售话术，介绍产品和方案的特点（Feature）、优势（Advantage）和益处（Benefits）。过去常印刷在产品说明书上，现在体现在购物网站上，结合视频和图片处理，效果更好。如果客户很容易获取这些信息，销售人员介绍FAB便没有太大价值。

提醒注意 常用的屏蔽对手的技巧之一。不急于向客户介绍己方的产品和方案，而是提醒客户在购买时的注意事项。

三种方案 既然客户要货比三家，就要向客户提供多种解决方案，重点分析竞争对手方案的不足之处，在沟通过程中，使用技术标签替代竞争对手的企业名称。

购买风险　导致客户购买、到货、安装和使用产品失败的原因，包括购买到残次品、到货延迟、未能如期完工、产品不好用等。

宏观风险　由于趋势、竞争和技术变革等不确定因素，导致购买无法达成而逾期。解决办法是强调投资回报率，让客户意识到采购的利大于弊、得大于失。

实施风险　产品到货、运输、安装和使用产生的问题，往往成为谈判中讨价还价的焦点，并形成合同条款。

部门影响　在采购过程中，不同部门的需求不一样，甚至有可能引起其他部门的抱怨和投诉，引发部门之间的冲突和矛盾。

个人影响　客户个人对采购的担忧，比如个人能力是否适合新的产品、工作职位会不会被产品和设备替代、会不会经常加班等。

顾虑　由于采购风险而产生的犹豫和担忧。比如客户常声称出差和召开会议；与我们有较长时间不联系，不回我们的邮件、短信或微信；在内部商量和研究等。

购买信号　当客户询问细节和报价，展现出顾虑并表达异议的时候，说明客户已经准备购买，这些都是购买信号。

预防计划　掌握客户购买顾虑后，应该制定一系列措施，确保采购风险发生概率的大幅降低。

补救计划　我们还必须做出万一风险变成现实时的应对措施，包括应对计划和赔偿计划，双管齐下才能彻底打消客户顾虑。

成交　对采购风险的防范是合同中的重要内容，比如到货期、售后服务以及赔偿条款，当我们与客户探讨预防与补救计划的时候，已经进入合同环节，必然会成交。

期望值　客户满意度既取决于产品和服务的质量，也取决于客户的期望值。期望值越高，满意度越低；期望值越低，满意度越高。我们必须管理好客户期望值。

口碑　对产品的体验超过期望值的时候，客户满意度提高，就会形成口碑。互联网时代和电商的发展，使得口碑变得可以衡量，而大大影响到采购。在网络上购物时，客户常会根据销量排行寻找产品，以满意度作为购买依据，并查看中评和差评，寻找产品缺陷，作为购买的关键标准。

蜜月期 从客户签订合同、支付预付款到产品到货，这段时间是蜜月期，是与客户沟通、管理客户期望值的最佳时机。

磨合期 客户使用新产品常不顺利，需要我们参与协调，我们要先处理好客户的心情再处理事情，确保客户满意度。

成功期 做好成功期管理既有利于提升客户满意度，又有利于收款。此时，我们需要巩固客户满意度，并寻求客户转介绍。尤其在互联网时代，客户在社交媒体的口口相传，是扩大"粉丝"和客户群的关键手段。

平淡期 即所谓的"七年之痒"，客户一直使用一个厂家的产品和服务的时候，会渐渐失去新鲜感，受到货比三家的影响，常会探寻新的供应商，此时，我们需要提供新的产品和概念，不能总是一成不变。

财务指标 企业财务指标分成三大类：增长指标、盈利指标和流动性指标。销售部门的目标应该做到三类指标的平衡。

增长 反映企业的规模，包括销售收入、人员、固定资产、成本和费用，其中销售收入是衡量销售团队的重要指标。

盈利 由销售收入、费用和成本决定企业的强大与否，品牌和差异化策略是获得更高利润的关键。

资产效率 决定企业周转速度。现金是最易于流动的资产，现金流是衡量资产效率的关键，在互联网时代，速度超过资金规模和盈利，成为企业经营最重要的因素。

现金流 企业保持现金的能力决定了企业的生死存亡，回笼资金的速度极大地影响现金流。

应收账款 即按照合同，应该回收却未回收的款项。

烂账 即依据合同，按照比例计提的应收账款，一般的计提期为6个月到2年。

销售漏斗　销售线索流动形成的上大下小的形状被称为销售漏斗模型，是高价值销售模式的通用管理模型，是跨国公司普遍采用的管理销售过程的理论模型。

容量性指标　包括销售线索（商机）的数量和金额，与销售目标对应，帮助管理者确定距离目标的差距，销售预测和V值是常用的容量性指标。

流动性指标　即销售线索流动的情况，包括新增率、向下流动率、停滞率、流失率和成交率。

销售预测　等于销售线索的金额与赢率相乘的累加值，加上已经完成的销售收入，除以销售目标得出的百分比，也就是预期完成任务的比例。

CRM　客户关系管理（Customer Relationship Management）系统，利用信息技术协调与顾客在销售、营销和服务上的交互，提供差异化服务，吸引新客户、保留旧客户以及将已有客户转为忠实客户。其中，分析型CRM被广泛应用于电信、金融等海量客户分析中，并取得了良好效果。但是，试图规范销售行为的操作型CRM大多以失败告终。

新增　即新增加的销售线索。当销售线索不足时，寻找目标客户发现销售线索就成为关键。

向下流动　销售活动应该推动线索向下流动，向下流动销售线索的金额和比例是重要的衡量指标。

停滞　在一个销售阶段停留时间过长的销售线索常常是有问题的，需要我们识别出来，并商讨活动计划。

流失　包括失利、客户停止采购、主动放弃三种，通常需要我们分析丢失订单的原因并对产品、价格和服务加以改进。

推荐阅读

读懂未来前沿趋势

一本书读懂碳中和
安永碳中和课题组 著
ISBN: 978-7-111-68834-1

双重冲击: 大国博弈的未来与未来的世界经济
李晓 著
ISBN: 978-7-111-70154-5

一本书读懂 ESG
安永 ESG 课题组 著
ISBN: 978-7-111-75390-2

数字化转型路线图: 智能商业实操手册
[美] 托尼·萨尔德哈（Tony Saldanha）
ISBN: 978-7-111-67907-3

杰弗里·摩尔管理系列

畅销30年，全球销量超100万册

ISBN	书名	作者
978-7-111-71084-4	跨越鸿沟：颠覆性产品营销指南（原书第3版）	杰弗里·摩尔 著
978-7-111-68589-0	龙卷风暴	杰弗里·摩尔 著
978-7-111-69518-9	猩猩游戏：高科技潜力股投资指南	杰弗里·摩尔 保罗·约翰逊 汤姆·基波拉 著
978-7-111-65849-8	断层地带：如何打造业务护城河	杰弗里·摩尔 著
978-7-111-46706-9	公司进化论：伟大的企业如何持续创新（珍藏版）	杰弗里·摩尔 著
978-7-111-72546-6	换轨策略：持续增长的新五力分析	杰弗里·摩尔 著
978-7-111-65084-3	梯次增长：颠覆性创新时代的商业作战手册	杰弗里·摩尔 著